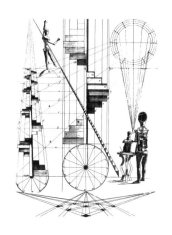

価値を生む
心理学

人と製品・サービスを結ぶ科学

小俣貴宣＝編著
原田悦子＝編集協力

新曜社

目　次

装幀＝中垣信夫＋平沢純（中垣デザイン事務所）

序章　心理学は「役に立つ」のか

原田 悦子（筑波大学）

1　「人にとってより良い」環境を作るための科学

　心理学は人が生きていく上で役に立つだろうか？　そう問いかけたときに、否と答える人はきわめて稀であろう。なぜならば、心理学という言葉を聞いたときに、どのような人であっても、人のことを理解する研究領域であることが「当然のこと」として了解され、それが故に、心理学が「まったく人にとって役に立たない」ことはないはず、と思うのではないか。

　しかし、それでは、「心理学を大学・大学院で専門として学修した人は、社会の中で役に立つか、そういう人はあなたの所属する組織の中で役に立つと思うか」と聞くとどうだろうか。そこでは、（おそらく）大きく 3 つの反応がみられる。いわゆる「一般の人」、すなわち、心理学について「自分はまったく知らない」と思っている人は、「それはもちろん、役に立ちますよね。人間の心のことがわかればいろんなことができるでしょう。特に心のケアは重要ですよね」という反応が戻ってくる。これに対して、現在の心理学の研究にある程度触れたことがある人、たとえば「大学の教養科目の一つとして心理学の授業を聴いた」というタイプの人は、「うーん、そのはずですけど、でも実験心理学とかが専門の人は、どう

1

なんでしょう？　カウンセリングの人は確かに役に立つと思いますけど、でも社会・組織の中ではどうだろう、何か直接仕事に結びつくかなぁ」という反応が戻ってくることも少なくないのではないか。さらにもう一つの反応として、まさに心理学を専門としている学生や院生、あるいはその教育に携わっている大学教員などにも、「臨床心理学はともかくとして、基礎系の心理学は社会の中の特定の仕事に結びつかないですよね。心理学の研究はおもしろいけれど、まだまだ研究だけかなと思います」という反応が戻ってくることが多い。少なくとも著者らの個人的な経験ではそうである。つまり、臨床心理学ではない、いわゆる「基礎研究としての心理学」を身につけた人が「専門家として社会に貢献できる」というイメージは、多くの心理学関係者にとっても希薄なのである。

　心理学は「人」の「心」と「行動」を対象とする「科学」である。したがって、「人」が関わるすべての事象について、心理学は関与しており、そこで「役立てる」ことが可能である。しかし、専門家として心理学を社会に役立てよう、社会につながる心理学を実践していこう、と考えるとき、多くの「世の中の人」がまず思い浮かべるのは、特に「心の問題」に関連して、「**直接に人に働きかける**」ことであるらしい。実際、2017 年より施行された「公認心理師」法では、その目標が「国民の精神的健康を支える」こととされ、「支援を要する人」とその周辺に働きかける職種を「心理学の専門職」と規定している。

　科学としての心理学が目指している目標は、「人」とは何か、「人の心」とは何かという一般原理の探究である。そのために、心理学は心（として表されるもの）と行動とを観察・計測して、それらの変動因を明らかにすることにより、説明を可能とする理論・モデルを構築し、さらにそれをベースとして人の行動を予測、あるいは時には制御をしようとする多様な方法論を蓄積している。

　こうした科学としての心理学には、いわゆる臨床心理学、すなわち

「心に関する問題を有する人」を対象に「個々の人に働きかける」という「役立て方」とは異なる方法、方向性で社会につながる「役立ち方」がある。それは、「人の心と行動」を理解することによって、人にとってより良い「環境」「外的世界」を作り出すための基盤科学となることである。

　たとえば、多くの国の交通信号は赤黄青の順に横（あるいは縦）に並んでいるが、なぜ「赤」が「止まれ」なのだろうか？　なぜ赤が道路の中心側に（あるいは一番上に）配置されているのだろうか？　これらは、人の目に入った光刺激が、頭の中で情報としてどのように処理され、「知覚」されるのか、その結果、人はどのような行動・反応をとるのかを「心理学のこれまでの研究成果・知見の蓄積」に基づいて考え、さらに詳細な作り方、すなわち設計仕様を、「心理学の方法論を用いて」具体的に検証・検討してきた結果に基づいている。すなわち、「最も注意を惹きやすい」色（赤）を、「運転時に最も視野に入りやすいところに」配置し、その上で、それを「車を止めることを要求するサイン・信号」として標準化した（標準的な形としてデザインを定めた）結果である。

　このように、人の生活を取り巻く多くの人工物（人工的に作りあげられたモノ）の設計・デザインの決定の裏には、人の行動や「心」の反応に関する観察と理解が必要であり、その探究によって、「職人的な試行錯誤」に加えて、科学としての心理学研究の知見と方法論を用いて、より効率的に、より良いモノをデザインしていく方法が可能になっている。

2　なぜモノづくりに「科学としての」心理学が必要か

　考えてみていただきたい。人が人工物（モノ）を作り出す際には、

必ずそのモノを使う「人」がいる。すなわち、モノは必ず「人によって使われる」のである [1]。そのため、そのモノを「より良い [2] 形に」作ろうとするときに、「人はそのモノをどのように使うのか、そのモノを使うことによって、人はどのような反応・行動を引き出されるのか、可能になるのか」を考えることは、そのモノをつくる過程においてきわめて重要なプロセスである。それは、すべてのモノづくりの場面で生じているといって過言ではない。実際には、多くの場合、モノを作ろうとする人の頭の中で、「その人なりの人のイメージ」で、あるいは「その人自身の体験に基づいた感覚から」そうしたプロセスを（無意図的・無意識的に）「こなして」いる。

　しかし、そのモノを作る人自身が、そのような過程でそのモノを使う人すべての「心と行動」の動きを的確に推測できるだろうか？　問題は、人は多くの場合、「人のことは、自分がよくわかっている（なぜなら、自分も人だから）」と誤信・誤解してしまう点である。そこには二つの誤謬がある。一つは、人は個性や個人差があり、それぞれに異なっている側面が多々あること、もう一つは、人は自分が思っているほど「自分が、何をどのようにしているのか」を理解していない、ということである。

　そこで、モノづくりをしている人自身が、「使う人すべて」に当てはまるように、モノづくりをもっと客観的な、一般性のある形で実施していきたい、すなわち、人の心の動き、行動についての「科学としてのデータ」を基盤として「モノづくり」をしていけないか、そういった動きが強まってきた。とりわけ、近年の成熟社会において、モノづくりの目標を、単に物理的なモノの提示ではなく、人がそのモノを使う際の経験の提供と考えようという視点（User Experience: Roto, Law, Vermeeren, & Hoonhout, 2011 等）が重要となっている。そう考えると、モノづくりはサービスのデザインでもあり、その設計の根拠としての「科学的データとしての人に関する知見」の有用性の認識はま

すます高くなってきている。

　そうした「人について客観的な、信頼性の高いデータ」が求められているときに、科学的な知見と方法論に基づいて、「そのモノづくりに必要な」データを提供できるのが、科学としての「心理学」である。それは色や音などの知覚にとどまらず、また身体の大きさ・形や動き方にとどまらず、より多様で、またより高次な人の活動（「ふっと思い出す」「作業に集中する」「浮きたつような気持ちになる」など）についても理解するための有用な方法論を提供してきている。

　本書は、そうしたモノづくり、サービス設計において、それらの活動が心理学という研究領域に基盤を置くものであること、したがって、その領域の基礎的な知識・技能・問題解決の方法をより体系的に身に着けた人々、すなわち心理学専門職としての「心理学」人材によって、より客観的で信頼性の高いデータをより効率的に得られるようになることを、広く伝え、もっと「科学としての心理学」を活かしていきたいと考えて企画されたものである。科学としての心理学が、社会の中で役立ちうることを伝えると共に、「心理学が社会の中で、一つの職種（専門職）として貢献していく」ことが可能となる組織的、社会的な体制を推し進めたい。本書を送り出す直接の目的はそこにある。

3　モノづくりと心理学
── 枠組みと事例の紹介、そしてそこで考えたいこと

　本書の第2章、第3章においては、心理学を活かすとしたらどのような形でそれを進めていくことができるのか、実際にそうした活動を行う企業の中で、心理学がどのように役立てられうるのか、そこでは、どのような枠組みで心理学が「企業活動」に組み込まれており、その時に必要となる心理学はどのようなものであるべきかについて、人間

中心設計の考え方を基に、紹介していく。

　実際に、すでにいくつもの企業・研究活動において、人についての知識を基盤とした心理学的な研究実践活動の成果として、「顧客やユーザの視点に立った魅力的で使いやすい製品やサービス」を創出しうることが注目されてきている。すなわち、企業の製品やサービスの企画・開発の現場において、心理学の知見や方法論が適用され、質の高い経験の創出に結びついた事例が、すでに世の中に存在している[3]。第4章ではそうした事例を紹介する。

　残念なことにここで紹介する例以外では、こうした活動は「社外の、大学や研究所などとの共同で」行われる「特別な活動」として実施されていることも多い。その一方で、実際の日常的な社内活動では、仮に担当部署で心理学の重要性が認識されたとしても、（心理学が専門ではない）担当者が「自分なりの心理学」を部分的に学習して、断片的な知見・データを基盤として活動していることも少なくない。

　その背景には、残念ながら、我が国においては、こうした心理学のアプローチや方法論を大学等で身につけた「心理学人材」が、定常的に企業の中に在籍し、その知見や専門性を十分に活かした活動を継続することがやさしいことではない、という現実がある。

　その原因にはいくつかの要因があるように思われる。まずは、そもそも心理学が実証データを用いた科学的アプローチに基づく学問であることが一般社会に知られておらず、「人についてのデータ」を取得するための数々の方法論やスキルが存在することが知られていないこと、同時にそのモノづくりには「使う人」の視点が重要であることが明示的に理解されていない場合があること、そのため、企業活動において（実際に関連するごく直接の部署・担当者を除けば）心理学が「そういうことに関係する研究領域」であり、「役に立つ」という認識がないことなどが挙げられる。これまで日本では一般に、「モノづくり」がいわゆる技術中心に進められており、特に「自社での経験を多

様に積んだ」工学・技術の専門領域であるとする考え方が根強くある。それゆえに、仮に一部分でも「科学としての心理学」の有用性が理解されたとしても、「一時的、部分的な影響、プロセス」と判断され、技術以外の背景を持つ人材を恒常的なモノづくりの現場に入れていくという発想が（たとえそのような問題意識を持つ人がいたとしても）まだまだ薄いように見受けられる。

　こうした状況は、さまざまな産業において、新たな発展可能性を埋もれさせる結果となり、大きな損失をもたらしているのではないか。とりわけ、今、グローバルなレベルで生じている新しい形の製品・サービスのデザインの大きな流れに、我が国の企業が「なかなか乗れない」現状を生み出す原因ともなっているのではないか。今、「モノづくりは技術・工学」という観念を打ち破っていく必要性が高くなっている。そのきわめて有効な解決策の一つとして「科学としての心理学」の人材を組織に位置づけていくという方法があると思われるのだが、そうした理解の共有は（とりわけ日本において）稀と思われる。

　こうした現状は、日本の大学における心理学が研究として発展しながら、同時に社会に人材を送り出していくという道筋を阻害している可能性もある。実際、大学で心理学を専門領域として修学することが将来のキャリアにつながらない、職業選択時にメリットにならないという「リスク」があるという認識が、多くの学生に対し、科学としての心理学の「研究を活動に結びつけること」を本格的に学ぶことを敬遠させている現状がある。このような悪循環は我が国の心理学研究、および産業や社会の発展の上で、大きな損失であると言えよう。

4　基盤となる心理学を求めて

　このような問題状況に対し、心理学人材を社会に送り出す教育側に

おいても、課題を認識する研究者・大学教員らから、新たな動きが現れつつある。たとえば、2016年度より、日本学術会議の心理学・教育学小委員会の中に「社会のための心理学部会」が作られ、その中で、社会に「人材として」心理学学修者を送り出していくための構造をいかにして構築していくかが議論されてきている。そうした動きは同会議の心理学教育部会などとも連携し、また各種学会（日本心理学会、日本認知心理学会、日本基礎心理学会等）ともつながりを持ちながら、実質的な対処の方向性を探っている。

　そうした際の理論基盤の一つが、2014年9月に日本学術会議心理学（第1部会）教育学委員会が公刊した「文部科学省の求める学士力の保証」方針に対する答申である。そこでは、大学における心理学教育が「いかにあるべきか」を考えるための枠組みとして、「大学教育の分野別質保証のための教育課程編成上の参照基準：心理学分野」が取りまとめられた。その中では、心理学とはどのような研究領域であり、どのような問題・目的を持って行われているのか、その過程およびその成果をもって、社会に対してどのように関わろうとしており、そうした活動は社会の中でどのように位置づけられるべきものであるかが、端的にまとめられている。大学における心理学教育は、研究者養成を目的とするにとどまらず、科学の一領域として現代心理学の専門基礎教育を身につけ、一定の心理学の専門知識を修得した質の高い職能人材を養成すること、またこれらの教育を受けた人材が一市民として社会の中で幅広く活動をしていくことをも使命として持っているということが示された。こうした考え方は、これまで多くの大学で心理学の教鞭をとる者の間では暗黙の裡に共有されたものであったが、心理学に携わる人以外の人たちとも共有すべく、明示的な形で語られたことは重要である。本書ではその基本的な「心理学のとらえ方」について、第1章で紹介する。

　「大学教育の分野別質保証のための教育課程編成上の参照基準：心

理学分野」は、心理学を開設する大学の教育指針として活用されるの
みならず、心理学が連携すべき、あるいは心理学が明らかに「役立
つ」であろう各方面においても、心理学に対する理解を深めるために
有効に活用されるべきであろう。本書は、そうした考えを基に、広く
産業・社会ならびに「心理学教育を考える」さまざまな読者に向けて、
心理学が役立つことを「理解していただく」ことを目的としている。

5　本書の目指すところ

　心理学が社会的活動の中に直接に寄与しうる領域は広い。本書では
その中でも特に、モノづくり、サービス・デザインの領域での企業活
動と心理学の関わりを中心として、心理学人材の社会的貢献可能性に
ついて取り上げている。また、終章ではそうした実践における課題に
ついても考察している。こうした心理学と社会的生産活動との関係が、
より広い職業・産業領域に広がっていくことは強く望むところである。
　心理学を社会に結びつけていこうとする活動は、未だ「発展可能性
を多様に擁する」状態にある。その発展・展開に少しでも貢献できる
ようにこれからも尽力したい。

【注】

[1] 日常用品などではこうした「モノは人によって使われる」ことが当たり前に感
　じられるが、たとえば「自動的に測定・結果の通信をする放射線計測装置」など
　は「人によって使われるのか？」と思われるかもしれない。しかし、その測定や
　通信そのものはヒトが介在しないにせよ、その結果を見て何かの判断を行う、あ
　るいはその設置や修繕などを行う際には必ず人が関与してくる。ここで言う「人
　がモノを使う」という際には、そういったより間接的な利用も含めている。なぜ
　ならば、モノを作るのは、何らかの目的のために人がそれを使うためだからであ

る。その意味で、あらゆる人工物はヒトが使うモノであると言える。

[2] ここでの「良い」が何を示すのかは、実に多様な側面を含んでいる。この「良い」の定義によって、モノの使いやすさ研究はどんどん変化をしてきており（原田, 1997）、またその「とらえなおし」によってモノづくりの考え方が大きく変化してきている。まさに「使うヒトにとって良いということをどう定義するか」は実に大きな問題であり、さまざまな検討・議論が重ねられてきている。

[3] 一例であるが、2017年より日本の国際空港に導入された顔認証方式による出入国管理自動システムは、その開発過程において、「どのような人にとっても使いやすい、使いたいと感じるシステム」を構築するため、企業デザイン部門と認知心理学研究者の協同体制によりデータの収集、分析がなされ、そうしたエビデンスに基づく設計が高く評価されている。

【参考文献】

原田悦子 (1997)『人の視点からみた人工物研究：対話における「使いやすさ」とは』共立出版.

Roto, V., Law, E., Vermeeren, A., & Hoonhout, J. (2011). User experience white paper: Bringing clarity to the concept of user experience. <http://www.allaboutux.org/files/UX-WhitePaper.pdf>

第1章　心理学はどのような学問か

1　はじめに

　学問を大別すると、基礎領域の研究と応用領域の研究に分けられる。基礎研究はさらに抽象的な理論に重きを置く形式科学（論理学、数学など）と、観測・観察から得られた知識をもとに現実世界を体系的に記述し説明する経験科学（物理学・科学・生物学など）に分けられる。これらの主に自然現象を扱う自然科学とは別に、人間の知的営みや社会現象を扱う学問領域として人文学と社会科学が存在する。対して応用研究は、基礎研究の成果を現実社会で実用化することを目指す学問であり、医学、工学、農学などがその代表である。

　では、心理学は上の分類に従うとどのような学問なのだろうか。そもそも心理学は、自然科学なのか、人文学なのか、社会科学なのか。基礎科学なのか、応用科学なのか。これらの問いに答えることは、必ずしも容易ではない。というのも心理学は、心や行動を対象とする経験科学（自然科学）であると同時に、基礎研究で得られた専門知識を社会に役立てることを目指す応用科学でもある。また人間を対象とする学問なので人文学でもあるが、方法論として、自然科学の方法論も社会科学の方法論も積極的に用いる。

　すなわち心理学は、学問論的にはきわめて総合的な学問領域であり、

自然科学とも人文学とも社会科学とも言え、それぞれと広く深く関わる学問である。さらに基礎研究にとどまらず、実社会の多方面で専門知識が活かされる実践的な学問でもある。したがって、学問として心理学を捉え記述するときには、常に俯瞰的な視点が求められ、心理学が本来持つ学際性と領域横断性をしっかりと認識する必要がある。心理学は後述するようにピュアサイエンスであると同時に、世界と広く関わるフィールドサイエンスでもあるのだ。

2 大学教育の分野別質保証 —— 心理学分野の参照基準

　日本学術会議では、大学生が学部で学ぶさまざまな学問領域ごとに、それぞれの学問を定義し、その学問の固有の特性を明らかにし、その学問を学ぶ全ての大学生が身につけることを目指すべき基本的な素養を定める検討分科会を設置し、その報告を公表している（日本学術会議ホームページ、提言・報告等を参照）。心理学分野については、2013年から14年にかけて、検討分科会での議論が行われ、報告書「大学教育の分野別質保証のための教育課程編成上の参照基準：心理学分野」が2014年9月に公表された。筆者もこの分科会に委員として参加し、他の9名の委員とともに、そもそも心理学とはどのような学問か、他の学問とどこが違うのか、心理学を学ぶとどのような素養が身につくのか、大学での心理学の学びはどうあるべきか、心理学は社会に対してどう貢献できるのか等を活発に論じた。本章の以下の各節は、上記報告書の第2章「心理学の定義」、第3章「心理学固有の特性」から多く引用し、一部補足説明を加えたものである。

3 心理学の定義

心理学の定義について、上記学術会議報告書では次のように記されている。

> 心理学は、心とは何かを問い、心のはたらきを明らかにする学問領域である。そのために、人間が外界からの情報を取り入れ、理解し、最終的に適切な行動をとるに至る過程を現象的に、機能的に、また、それを支える脳の機能にまで遡って明らかにすることを目的とする。こうした意味で、心理学は、人文学的な「心とは何か」という疑問から出発し、心理学独自の方法論のみならず、他の自然科学諸領域、とりわけ、医学、生物学、脳科学で開発された様々な手法をも駆使して、実証的、検証可能な形で心の実態に迫る。また、人間の心のはたらき、行動は、多くの場合、他者との関係性によって規定され、様々な社会的・文化的な枠組みの中で機能するものであることから、心理学は社会科学諸領域とも深い関係を持つ。また、心理学は、こうした基礎的な学問領域であると同時に、基本的な問いへの探求から生じてきた様々な知見を、教育、福祉、臨床、産業、情報技術などの多様な場面へ適用することを目指す実践的な学問としての側面を持っている。(p.1)

要約すると、基礎科学としての心理学は、心と心のはたらきを研究対象の中心に据え、人文学的な「心とは何か」という疑問から出発しつつも、他の自然科学領域、社会科学領域の方法を自在に駆使して、実証的、検証可能な形で心の実態に迫る学問である。と同時に、心理学は基礎研究から得られた知見を社会の各方面へ応用することを目指

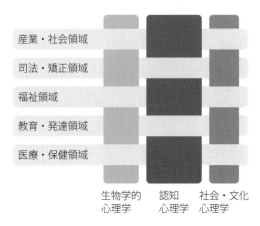

図1–1　公認心理師との関係からみた、現代心理学の見取り図
（日本心理学会「公認心理師に係るワーキンググループ」、日本学術会議「健康医療と心理学分科会」「心理学教育プログラム検討分科会」合同検討会資料より）

す実践的な学問でもある。この定義では、冒頭の「はじめに」で述べたとおり、心理学が学際的で、領域横断性の強い総合的学問領域であることがはっきりと示されている。

　このことを例示してみよう。図1–1は、日本心理学会の公認心理師に係るワーキンググループが中心となって描いた心理学の見取り図である。公認心理師とは、「もって国民の心の健康の保持増進に寄与すること」を目的として設置された国家資格であり、心理学を基礎とする職業領域の一つである。基礎領域を表す縦の軸には、現代心理学の基本とも言える生物＝心理＝社会統合モデルの3本柱が立っている。また応用（実践）領域を表す横軸には、公認心理師法に記される5つの実践フィールドが並んでいる。心理学という学問は、このような基礎（縦糸）と実践（横糸）が織りなす総合人間学の織物と言えるだろう。

4　心理学の領域

　心理学の領域について、学術会議報告書では、まず次のように記されている。

　　　心理学の領域は、これまで、心のはたらきを探求する基礎的領域
　　と、現実生活の場で生じる心や行動に関わる問題解決を図る実践的
　　領域に分けられてきた。しかし、心理学の発展とともに、様々な社
　　会的な要請に応える形で、その研究内容や対象の範囲が広がりを見
　　せてきている。そのため、様々な領域が生まれ、活発な活動を繰り
　　広げている。また、基礎研究と実践場面の相互作用が活発化したた
　　め、基礎と応用という二分法もあまり意味を持たなくなりつつある。
　　(p.1)

　ここでは、心理学が扱う領域が拡大し、融合しつつあることが述べ
られている。とりわけ基礎的領域と実践的（応用）領域という二分法
が近年不明瞭になり、言い換えると基礎と実践の垣根が低くなってき
ていることが指摘されている。基礎研究の中からあるものが応用研究
に発展していくという伝統的な一方向モデル（リニアモデル）は、心
理学に限らず、他の学問においても大きく見直されつつある。社会の
現場で求められる技術・技法や専門知識が、その領域の基礎研究の活
性化を促し、その基礎研究の成果が再び応用に活かされることが近年
ますます増えてきているのである。たとえば、臨床心理学と生物学的
心理学の間では、臨床現場（心の健康）と基礎研究（心のしくみ）の
相互交流が以前とは比較にならないほど活発に行われるようになって
きた。

学術会議報告書では、さらに次のように述べられている。

　心理学は、純粋科学的な知見である「学問知」と、現実社会での
実践から得られた知見である「フィールド知」とが、双方向の密接
な関係性を持ちながら、純粋科学からの課題と現代社会に生きる人
間が抱える課題とを探求することが特徴となる。「学問知－フィー
ルド知」という枠組みは、従来の「基礎－応用」、あるいは医学領
域における「基礎－臨床」の区分と類似しているが、「基礎」から
「応用」へ展開するという一方向性ではなく、また現実社会での課
題解決から、一般性のある知の構造を作り上げていく双方向性を意
味している。この立場に立って、本報告書では、独自の「フィール
ド知」という言葉を用いている。すなわち、純粋科学的な知見であ
る「学問知」と現実社会とそこでの実践に向き合う知見「フィール
ド知」とが、心理学の領域においては不可分な相互作用を持つこと
が前提となっている。(p.3)

　心理学が伝統的に扱ってきた専門領域もまた、他の学問領域との間
で、新たな複合領域を形成しつつある。たとえば、心理学と脳・神経
科学の間には、認知神経（脳）科学が誕生し、大きく進展している。

5　専門知識領域と方法論領域

　このことについても、学術会議報告書から引用しよう。

　心理学教育で取り上げられる領域は、各分野における具体的な内
容を論じる専門知識領域と、これらの領域を支え、全領域に共通
する方法論を論じる方法論領域の二側面から分類することができる。

（中略）

　専門知識領域は、文字通り心理学の中核をなし、概念的知識に関する説明理論が含まれ、研究法がある程度確立し、研究対象が定まっている専門領域である。日本学術振興会の科学研究費助成事業の系・分野・分科・細目表にある社会心理学、教育心理学、臨床心理学、実験心理学の4つは、この領域の代表的専門科目である…。

　方法論領域は、…上記の中核的専門領域を支えて、行動や反応を実験や観察を中心とした心理学独自の科学的方法として発展してきた領域である。…心理学における研究法や技法の項目には、調査面接、観察、実験などのデータ収集法、指標としての生理測定法や情報処理法、心理検査法、また量的分析法としての統計法と質的分析法としてのプロトコル分析などが含まれており、これらの方法は、上述の中核的専門知識領域に挙げた専門領域で、その領域の目的に応じて適宜活用され、当該領域の発展に寄与している。(p.2)

　なお、心理学の中の個別の領域については、日本心理学会が認定する認定心理士資格取得単位認定基準の科目群分類や、日本学術会議の「心理学教育プログラム検討分科会」と「健康・医療と心理学分科会」が 2008 年に公表した報告書「学士課程における心理学教育の質的向上とキャリアパス確立に向けて」に示される科目群などが参考になるだろう。

6　心理学の特徴（心理学固有の視点、方法論における独自性）

　学術会議報告書では、まず、他の学問にはない心理学に固有の視点として、① 人間の心について科学的に探求する視点、② 学問知とフィールド知との双方向性を探求する視点、③ 心理学が直面する社

会的諸課題に応える視点、の3つを挙げている。詳細は、報告書を参照願いたいが、心理学を学ぶことにより、「人間とは何か」という根源的な問いに科学的に答えられるだけでなく、本書の各章に述べられるように学問とフィールドとの相互交流をとおして、社会が抱えるさまざまな問題に対応できる実践力が身につくのである。

　心理学の方法論における独自性としては、心理学の各領域で発展してきた「心理量を計る」方法・技術がユニークである。具体的に人間生活の中での心の諸現象の実証的解明を可能にするには、統計法や諸現象を数理的に表現する方法の活用、厳密な実験計画に基づく法則定立を目指す研究法の確立、調査や観察、面接などにより現象を捉え質的に個性記述を目指す研究方法の活用などが必要であり、かつ、生命科学等の隣接領域の方法論を積極的に取り入れることも行われている。

7　心理学の役割

　最後に心理学が果たすべき役割について述べたい。このことについて学術会議報告書では、① 学としての厳密性と人の幸福の両立を目指す諸学の要としての役割、② 状況に対応するいろいろな行動の普遍的事実を見いだす研究法の開発、③ 個々に異なる人の特性の複雑な面を捉える役割の三点が挙げられている。

　① に関しては、複雑で急激な変化が進行する現代社会において、人間に適した方向に導くために、学術的な対応が求められている。技術、経済、教育、文化などを包括する社会システムを人間に適合させるためには関連諸分野における知見をまとめる必要があり、その際に総合科学である心理学は要としての役割を果たすことが期待される。

　② に関連して、心理学はこれまで人間の主観的体験や個人によって異なる傾向などを、できるだけ客観的に、かつ定量的に捉える研究

方法を開発してきた。人は同じ状況において、同じ行動をとることも、異なる行動をとることもある。また異なる状況で、異なる行動をとることも、類似した行動をとることもある。その中に普遍的な事実を見出すべく、今後もさまざまな研究手法を開発していくことが心理学の重要な役割である。

③ に関して、人間の心や行動を理解する上では、誰にでも共通な普遍的側面に着目すると同時に、人それぞれを個別のものとしている特質についても注意を向ける必要がある。個々人の特性の複雑な面を捉えることは、心理学の重要な役割であり、この観点から、価値観、興味、態度、パーソナリティ特性、知能、適性、学習・発達の特性などを心理学的測定を用いて評価する必要がある。

8 おわりに

以上述べてきたように、心理学は他の学問と比べて、はるかに多くの顔を持ち、その特徴をひと言で表すことがなかなか困難な学問である。しかし、心理学の個々の領域は決してばらばらではなく、図 1-1 に示されるようにお互いが相互に関連しあっている。とりわけ、学問知としての心理学とフィールド知としての心理学は、相互に刺激しあいながら発展を続けている。心理学は、学としての奥行きが深く広がりが大きいと同時に、社会の各方面と常に密接に関わっている。心理学を学ぶことが、知識を深めるだけでなく、社会に貢献する礎を築き、人々の生活を豊かにできることを繰り返し強調したい。

【参考文献】

日本学術会議心理学・教育学委員会心理学分野の参照基準分科会報告（2014）「大学教育の分野別質保証のための教育課程編成上の参照基準 心理学分野」http://www.

scj.go.jp/ja/info/kohyo/pdf/kohyo-22-h140930-4.pdf

日本学術会議心理学・教育学委員会心理学教育プログラム検討分科会、健康・医療と心理学分科会対外報告（2008）「学士課程における心理学教育の質的向上とキャリアパス確立に向けて」http://www.scj.go.jp/ja/info/kohyo/pdf/kohyo-20-t55-2.pdf

第2章 製品・サービスを通じた「未来の経験」の創出と人間中心設計

small貴宣（ソニーグループ株式会社）

　第1章でも論じたように、基礎科学としての心理学は、心と心のはたらきを研究対象の中心に据え、人文学的な「心とは何か」という疑問から出発しつつも、他の自然科学領域、社会科学領域の方法をも自在に駆使して、実証的、検証可能な形で心の実態に迫る学問であると同時に、基礎研究から得られた知見を社会の各方面へ応用することを目指すという実践的な側面を併せ持っている。それ故、心理学の専門知識や方法論、そしてそのアプローチは、人間が介在するあらゆる場面において、何かしらの形で活用できると考えることができる。心理学の効果的な活用が見込まれる分野として、商品企画や設計・開発といった、企業における製品・サービスの創出に向けた実践が挙げられる。企業が製品・サービスを創出するにあたり、基本的に、その製品・サービスがある人間に何らかの意図をもって入手され、利用されることなどを想定する。言い換えれば、製品・サービスの創出に向けた実践では、入手や使用といった場面や状況における人間の心理や行動に関する理解や予測が求められる。心理学はこのような理解や予測においてその強みを発揮し、優れた製品・サービスの創出に貢献することができる。

　次章以降、企業の製品・サービスの創出に向けた実践における心理学のかかわりについて解説していくが、本章ではそれに先立ち、近年、製品・サービスの創出に向けた実践において重視されている、顧客やユーザといった、製品・サービスの受け手の主観的な経験と人間中心

設計の考え方、および両者の関係について概説する[1]。

1　顧客やユーザの主観的な経験が重視される時代

　近年、製品・サービスの創出に向けた実践において、顧客やユーザといった製品・サービスの受け手と、製品やサービス、さらにはそれらに関連する情報との直接的、間接的な相互作用を通じ、受け手側に生起される主観的な経験が重視されている。ここで言う主観的な経験は、購入や使用といった、特定の、一時的な場面に限らず、広告などに触れ、その製品・サービスの存在を初めて知ったときから廃棄・解約、さらには再購入やソーシャルネットワーキングサービス（SNS）などを通じた感想のシェアといった、製品・サービスと受け手との間の、より幅広く、より全体的な接点におけるさまざまな相互作用を通じて、受け手の心の中に動的かつ経時的に生起される個人的な心理的反応や行動のことを指している。さらに言えば、特定の製品・サービスとの直接的な接触機会がなくとも、関連する知識に基づき、それを入手することを想像したり、以前使用していたことを回想している際の心理的反応も含まれる（長沢編著, 2005; Roto, Vermeeren & Hoonholt, 2011; 黒須, 2013, 2020; Schmitt, 2016; Lemon & Verhoef, 2016）。

　業種や業態による程度の差はあるにせよ、このような受け手の主観的な経験が注目されるようになった背景として、以下の2点が挙げられよう。

　第1点は情報技術（IT）の進展とその社会への浸透である。高速な情報通信を可能にするネットワーク基盤の整備、情報機器、特にスマートフォンに代表される高性能なモバイルデバイスの普及、そしてこうした情報通信ネットワーク基盤や情報機器を通じたオンライン上のサービスが近年、急速に増加した。今日、オンラインショッピン

グ、ソーシャルネットワーキングサービス、コンテンツ配信をはじめとし、インターネットを通じて利用できるサービスやコンテンツが社会に広く普及しているのは周知のとおりである。また、IT が社会に浸透した結果、製品やサービスの送り手と受け手との接点が拡大・増加し、両者の間の情報の流通の在り方が従来と比較して劇的に変化した。送り手は、マスメディアを通じたコマーシャルや店頭における販売促進施策といった既存の情報チャネルに加えて、パソコンやスマートフォンのような情報機器（より正確に言えば、製品のウェブサイトやソーシャルネットワーキングサービス、個人ブログや掲示板など、情報機器を通じて閲覧できる情報コンテンツ）を通じ、受け手により多くの情報を、時にパーソナライズして提供できるようになった。特にモバイルデバイスの普及は、基本的にモバイルデバイスは手の届く範囲に所持して用いられることから、こうした情報をタイムリーに提供できる機会をもたらした（恩藏他, 2008）。

　インターネットを介して、受け手に関するより詳細な情報を大量に取得できるようになったことも大きな変化の一つである。送り手は閲覧履歴や購買履歴、アンケートへの回答データといった、顧客やユーザの興味や関心、嗜好に関わる詳細な情報をデータベースに蓄えることで、将来の効果的なマーケティング施策などに向けて活用することが可能になった。

　一方、受け手は、多種多様なチャネルを通じて製品やサービスに関するさまざまな情報を得ることができるようになった。今日、受け手は、送り手が発信する情報に加え、ソーシャルネットワーキングサービスやレビューサイトなどを通じ、一般の人々が発信した感想や意見に触れることができ、購入や使用などに関する多くの判断材料を得ることができる。製品やサービスの選択にあたり、複数の選択肢が得られるようになり、その選択肢の中から自分にとってより有利な条件（たとえば複数の店舗から最も値段が安いものを購入するなど）を自

ら選択できるようになった。コトラーとケラー（Kotler & Keller, 2006）が指摘するように、今や受け手はかつてないほど知識と情報を手にしており、送り手の主張することに偽りがないかどうかを確かめ、より条件の良い機会やより良い代替品を見つけるためのツールを持っている。これは、送り手、そして製品を販売する店舗などにとって、発信する情報の透明性が高まり、これまで以上に受け手から厳しい目線に晒されるようになったことを意味する。それ故、送り手側には、他の製品やサービスに乗り換えられるリスクを減らすよう、その発信の仕方について、より注意深く、慎重になることが求められている。

　上述した点にも関連するが、受け手が製品やサービスに関する情報を発信する側に立てるようになったことも IT の浸透に伴う変化の一つである。ソーシャルネットワーキングサービスやレビューサイト、比較サイトには、一般の人々が発信した多くの意見や感想が掲載されているが、それらは必ずしも送り手にとって都合の良い情報だけではなく、製品やサービス、さらには送り手に対する不満や中傷が含まれていることも少なくない。そうしたインターネット上に記載された口コミの内容が正確か不正確であるかは別として、その影響は送り手にとって無視できない課題となっている。特に、実際の製品に触れることのできないオンラインショッピングにおける購入過程や、そもそも実物のないサービスの選択にあたり、インターネット上の口コミは、その品質を事前に推測するための一つの手がかりであり、意思決定における重要な判断材料になりうることから、送り手はネガティブな口コミが流布しないよう留意しなければならないのである。

　以上のように社会や人々の生活に深く組み込まれた IT とどう向き合い、どのように活用していくかは、今日、多くの企業にとっての重要な課題であると言っても過言ではないだろう。IT の存在を前提とし、それがもたらす影響を予測しつつ、競争力強化や収益向上、コスト削減などを可能にする方策を創出することが求められている。

第 2 点は市場のコモディティ化である。コモディティ化とは、企業間における技術的水準が次第に同質的となり、製品やサービスにおける本質的な部分での差別化が困難となり、どのブランドを取り上げてみても顧客側からするとほとんど違いを見出すことのできない状況のことである（恩藏, 2007）。多くの企業はこのような状況を回避すべく、競合する製品やサービス、あるいは代替手段と差別化するための方策やアプローチを模索している。

　自社の保有技術を基軸とし、新たな機能を開発したり性能を向上させることで、価値の創出を志す企業は少なくない。しかし、コモディティ化した市場では、機能や性能といった製品そのものの属性を訴求する従来型のアプローチだけで競合との差別化を図ることは容易でない。受け手が製品・サービス間の「実質的な」違いを感じとれなくなってしまうと、送り手側は価格による差別化を図ろうとし、結果として苛烈な低価格化競争に陥る危険性がある。価格を下げることは受け手に差異をわかりやすく伝える手段ではあるものの、競合も同様な施策を実施することが可能だからである。コモディティ化した市場では、送り手が低価格化競争を回避しつつ自分たちの製品やサービスを選択してもらうため、競合が模倣することが困難なアプローチが求められるのである。

　以上のような背景から、競争優位を生み収益向上につなげるための一つのアプローチとして本章の冒頭で触れた受け手の主観的な経験が、送り手の側で注目されるようになった。使用や購入といった特定の場面だけに焦点を当てるのではなく、IT などを活用することにより、その前後、さらにはより全体的な受け手との接点において効果的な介入をすることにより、受け手に、よりポジティブで独自性のある感覚的・情緒的反応を生起させることが期待できるのである（Pine & Gilmore, 1999; Schmitt, 1999, 2003; 長沢編著, 2005; 恩藏, 2007; 恩藏他, 2009; 黒須, 2013, 2020）。受け手は製品やサービスそれ自体、さらには関連

する情報やイベントなどとの接点を通じ、実にさまざまな経験をしている。そして各接点における経験の連鎖が、満足感に代表される、製品やサービスに対する総合的な評価に影響していると考えられる。送り手が受け手の便益や満足を考えるにあたり、購入や使用といった特定の場面だけに思いを巡らせるのではなく、製品やサービスに関する受け手と送り手の接点をより広範に捉え、それぞれの接点、ならびに接点全体を通じて受け手に生起される主観的な経験の質を、それぞれのつながりも考慮して向上させる試みは、一見遠回りに感じられるが、競争力の強化や収益性の拡大につながりうるアプローチである[2]。なぜなら、機能や性能、あるいは価格といった従来の競争軸による差異を生み出すことができなくても、こうした主観的な経験に着目し製品やサービスを創出することで、それが適切に機能すれば、競合する製品やサービスと差別化された独自性を受け手の心の中に確立することができ、その上、競合による模倣がしづらいためである。また、こうした経験の質の向上が受け手との関係性を良好なものにし、長期にわたる持続的な信用や信頼、愛着の形成につながりうる点も見逃せない。良好な関係性を構築することができれば、他の製品やサービスに乗り換えることなく、再購入や継続的な利用につながること、価格競争の影響を受けづらくなること、当該製品・サービスを超えて送り手に対して良い印象を抱いてくれるようになり、送り手が提供する他の製品やサービスの追加的な購入や利用につながる可能性が高まること、周囲の人たちに送り手の製品・サービスを推奨してくれたりポジティブな口コミをしてくれること、そうした受け手が送り手に対して自らのニーズや将来の製品や製品に対する期待を自発的に提示してくれるようになることなど、送り手にとってありがたい効果が期待できる。

　また、このような送り手と良好な関係にある受け手を維持することは、競争の激しい市場における有効な戦略の一つとして知られている。受け手とそのような長期的に良好な関係を保つことができれば、たと

え1回の購入金額が少なかったとしても、生涯を通じて継続的な取り引きを期待することができるためである。加えて、上位20％の優良顧客が収益全体の80％を生み出すということが言われており、このことはこうした重要な顧客を選別し、維持する努力を惜しまなければ、送り手は安定した収益が得られる可能性が高まることを意味している[3]。さらに競争の激しい市場において、新規の顧客を獲得することが困難であるという指摘があるが、既存の顧客を維持することは、一度失った顧客の売り上げやシェアを取り戻すための新規のプロモーションコストを節約できるという見方もある。実際、新規顧客を1人獲得するには、既存顧客を1人維持するのに要するコストの5倍かかるという調査結果もある（Kotler & Keller, 2006）。

以上のように受け手の主観的な経験の質を高めることは、今日の激しい市場環境において送り手の収益向上や競争優位につながりうる施策の一つとして考えられている。しかし送り手にとってこうしたメリットがあるにもかかわらず、なぜ最近になってようやくこの主観的な経験が重視されるようになったのであろうか。

送り手の多くは、これまでも品質の改善やコストダウンに加え、受け手のニーズを捉える努力をし、受け手が望むであろう製品やサービス、そしてそれらを通じた良質な経験の実現を目指してきたはずである。この点に関してパインとギルモア（Pine & Gilmore, 1999）は「経験は常に身の回りにあったけれど、これまではドライクリーニング、自動車修理、卸売業、通信業などといっしょにサービス業に分類されていたため、存在に気づいてもらえなかった経済価値である」と論じている。近年、受け手の経験が重視されるようになった理由には、上述したITの普及や、グローバル化などに伴うコモディティ化の加速や企業間競争の激化といった社会の変化に伴い、どちらかと言えば送り手側の論理や都合で進められてきた製品・サービスの企画や開発に対する考え方や姿勢そのものを、改めて受け手の視点から見直さざ

をえなくなったことが挙げられるのではないだろうか。

2　主観的な経験の質の向上をめぐる送り手の課題

　受け手の主観的な経験の質を向上させることが大事であるとは言えど、それを実現させることは容易ではない。その実現のためには少なくとも受け手に関する理解をよりいっそう深めていくことが不可欠であり、それに基づく実践を展開していくことが肝要である。こうした実践の展開に関連して、簡単ではあるが、受け手の主観的な経験の質の向上に向けた、送り手側における課題を4つ挙げる [4]。

2-1　ユーザビリティの向上と
　　　　ユーザインタフェースのデザイン

　特にITが関与する製品やサービスの開発において、ユーザビリティの向上、そしてそれを志向したユーザインタフェースのデザイン [5] は、受け手の主観的な経験を良質なものにするための基本的な要件である [6]。受け手が製品やサービスを使用する際、使い方がわからない、操作が難しい、情報にアクセスできないなどの理由で断念しないよう、受け手が実現したいことを混乱させることなく簡単に、効率良く快適に、さらに言えば楽しく実現させる設計が必要である。たとえば、オンラインショッピングにおいて、簡便で使いやすく、混乱を招かないウェブサイトを構築することは、ビジネスの成功を左右する重要な課題である。なぜならサイト訪問者が自身で購入手続きを完了できなければ、基本的に売り上げが発生しないからである。また、何かしらの興味からサイトにアクセスしてきた「見込み客」を、できるだけ取りこぼさず購入に導くことも大事なポイントである。オンラ

インショッピングは、基本的に製品の認知から購入に至る一連のプロセスがインターネット上で完結しており、ウェブサイトのデザインの良し悪しが収益向上の鍵を握っているのである。実際、ウェブサイトに訪問している人に伝わりやすくなるよう、あるいは気づきやすくなるよう、ウェブサイトの中の文言やボタンの色を変更することで、収益が飛躍的に伸びたケースも少なくない。

　ユーザビリティについて十分に考えられた製品やサービスは、それを使用するユーザの利便性の向上や、操作に関する学習負荷の低減につながる。これは送り手にとっての利点でもあり、トラブル対応などのサポートに付随するコストの削減につながるだけでなく、他社の製品・サービスに対する優位性の確立につながりうる。特定の操作体系に慣れ親しんだユーザが、それとは異なる操作の体系を採用している競合製品に乗り換えようとする際、異なる操作体系に対する新たな学習（いわゆるスイッチングコスト）が求められる。それ故、ユーザビリティの検討に携わる担当者は、自分たちの活動がユーザの維持や離反、そしてもちろん新規獲得に影響することに留意する必要がある。

2-2　受け手に関するデータの活用

　ITの普及に伴い、送り手は受け手との数々の接点を通じて、受け手の属性、購入履歴、閲覧履歴といった、受け手に関する膨大なデータを得られるようになった。こうして蓄積された、いわゆるビッグデータを分析することで、受け手の行動の傾向、興味や関心、さらには需要や嗜好をいかにより良く予測できるか、そして、そうした分析や予測に基づき、いかにして受け手にとって価値のある提案を導き出すことができるかが課題となっている。また、ITは提供する情報を一人ひとりの受け手に合わせてパーソナライズし瞬時に送信することができることから、こうした特長を効果的に活用することで受け

手との良好な関係性の構築や強化につなげることができる可能性がある。この点に関して1つ例を挙げよう。先述したように、ITの普及は人々がインターネット上に流通する膨大な情報にアクセスすることを可能にした。しかしその一方で、膨大な情報の中からどれが自分にとって本当に価値のある情報なのか選択し、吟味することは多くの人々にとって過度な負担になっていると言っても過言ではないだろう。実際、オンラインショッピングなどにおいて、過剰とも言える選択肢が提示され、一体どれが自分にとって最適な選択肢なのか決められず、辟易した経験のある方も少なくないのではないだろうか。それ故、膨大な情報の中から、個人にとって意味のある情報がITにより適切に絞り込まれ、求める情報 —— 時にその情報はその人の潜在的な需要を反映したものかもしれない —— に素早く到達できることは、受け手にとって大変ありがたい機能となるはずである。これは先に論じたユーザビリティやユーザインタフェースとも深く関連するが、特にスマートフォンのような表示画面が比較的小さい機器を用いた情報検索において、情報が適切に絞り込まれ、見やすく提示されることの利便性は明らかである。このことは同時に、ウェブサイトに訪問した人が、後の購買行為に結びつくような、意味のある情報と接触する機会になりえることから、eコマースなどの分野では収益向上につながる施策として重要視されている。また、データ活用の推進にあたり、受け手の理解や予測のために活用できるデータは送り手の組織の内外に散在していることから、それらを統合し一元的に管理することのできるデータベースの構築や、それを効果的に活用するための仕組みの構築も送り手の課題となっている。

2-3 受け手とのさまざまな接点を俯瞰的に眺めた
コミュニケーションの推進

　製品やサービス、さらにはそれらを提供する送り手に対する受け手の総合的な評価が、受け手と送り手との間のさまざまな接点における受け手の主観的な経験に基づいているとすると、送り手は一連の接点を俯瞰的に捉え、接点間の関係性や全体の一貫性を統合的に管理し、それぞれの接点において適切な情報発信やコミュニケーションを行う必要がある。個々の接点における受け手の主観的な経験を良質にする努力はもちろん大事だが、総じて受け手にポジティブな印象を持ってもらうため、前後の文脈、さらには接点全体について考慮することも大事である。たとえば、魅力的な広告に惹かれて製品を購入したものの、実際に使用してみたらまったくの期待外れだったという苦い経験をした方も少なくないだろう。製品を購入してもらいたいが故に、広告などを通じて過度に期待を煽ることは、俯瞰して考えると良い施策とは言えず、結果として受け手の信頼を失いかねない。製品に対する適正な期待を持ってもらうためには、製品を作る部門とそれを宣伝する部門との組織横断的な連携が必要である。また複数の接点において受け手に散漫な印象を与えることのないよう、発信する情報に一貫性を持たせることも重要である。これは単に、文章の統一など伝達表現を表面的に揃えるということだけではない。受け手に真に伝えたいメッセージが根底にあり、その意図や送り手の姿勢に沿って、さまざまなメディアでの広告、イベント、製品やサービスそのもの、ソーシャルネットワーキングサービス、アフターサービスといった多様な接点におけるコミュニケーションを統合的に連携させ、展開していくことが大事である（Schultz & Schultz, 2004）。

　受け手との接点が増加した今日、このような統合的なコミュニケー

ションの推進は、質の高い経験の創出を志す送り手にとっての課題の一つである。続く 2-4 の内容にも関連するが、この推進にあたり、部門間、さらにはパートナーとなる他の組織との連携が必要になることがしばしば発生するため、部門や組織を越えた連携の仕方や仕組み作りが求められる。これは特に機能的に分化した大きな組織において障壁になりうる点であろう。

2-4　主観的な経験の質の向上を主眼に置いた仕組みの構築

　曖昧で形が見えない受け手の主観的な経験を、製品やサービスの創出に向けた実践を推進していく際の基軸と考えるのであれば、必然的にその基軸に沿った仕組みが必要になる。そもそもどのような経験を実現させることをゴールとするか、その実現に向けた業務の内容やその進め方、そのような業務の良し悪しを評価するための意思決定プロセスの検討、関連する業務を推進できる能力を持った人材の確保や育成、業務の質の評価の仕方、一連の活動を支援するインフラの整備、さらには現場の意識改革といったさまざまな検討が必要である。

　このような考え方は、特に従来的なものづくりを中心としたアプローチに慣れ親しんだ企業にとってさまざまな困難を伴う。製品スペックのような客観的な指標ではない別の指標を基軸に業務を推進することを前提とすることから、従来取り組んできた仕事のスタイルの転換が求められるからである。それ故、表面的に導入したところで、それを推進できる人材や仕組みがなければ、適切に機能しないだろう。紙面の都合上、ここでは簡単な紹介にとどめるが、こうした組織や仕組みの構築や整備、また現場の人たちの意識や組織文化の変革は、受け手の主観的な経験の質の向上を志す送り手にとって無視できない課題となっている[7]。

3 「未来の経験」と人間中心設計

3-1 「未来の経験」の創出

　企業などの送り手が製品やサービスを新たに企画し、市場にリリースするまでにはそれなりの期間を要するため、送り手が想定すべき受け手の主観的な経験は、時点のばらつきはあるにせよ、基本的に「未来の経験」が対象となる。しかし製品・サービスの企画・開発段階において、このような「未来の経験」が良質なものになるかどうかを予測することは、経験という概念の性質上、そもそも困難であり、加えて、社会の変化、技術の革新、市場の要望、競合の施策など、検討中の製品・サービスや想定する受け手を取り巻く環境が時々刻々と変化することから容易なことではない。すなわち、良質な「未来の経験」を実現させる製品・サービスの創出は、本質的に不確実性の高い活動である。しかしそれを送り手の勘や業務経験に委ねるのではなく、受け手に生起される「未来の経験」の質が少しでも向上するよう、また、市場に投入した後で大幅な見直しを迫られることがないよう、優れた製品・サービスの創出に向けて関連業務を推進していく必要がある。

　ではそのために、送り手はどのような取り組みをすればよいだろうか。そのアプローチの一つが人間中心設計である。

3-2　人間中心設計とは

　人間中心設計に関する国際規格 ISO9241-210 では、人間中心設計について以下のように定義している。

対話システムの利用に焦点をあて、人間工学やユーザビリティの
　知識や技法を適用し、そのシステムをより使いやすくすることを目
　指すシステム設計開発のアプローチ

　こちらの定義では適用の対象を対話システムとしているが、人間中
心設計が適用可能な対象は、オフィス機器、家電、オンライン上の
サービスといった、いわゆる IT 系の対話システムに限らず、建築物
などの空間や環境、医療情報システムや金融システムなどのシステム、
さらに言えば法律や企業における規定などの制度やルールなど、人間
が手を加えて作成した、それ故、作り直すことが可能な、あらゆる人
工物に適用することができる。

　さらに ISO9241-210 では、人間中心設計の考え方の基本となる以下
の 6 つの原則を挙げている（翻訳は黒須（2013）より引用）。

1. ユーザーやタスク、環境に対する明確な理解にもとづいてデザ
   インする
2. 設計や開発の期間を通してユーザーを取り込む
3. 設計は人間中心的な評価によって駆動され、また洗練される
4. プロセスは反復的である
5. 設計はユーザエクスペリエンスの全体に焦点をあてる
6. 設計チームには多様な専門領域の技能と見方を取り込む

　またノーマン（Norman, 2013）は、「人間中心設計の哲学と進め方
は、製品やサービスが何であれ、主な注力点がどこであれ、デザイン
プロセスに人間のニーズについての深い考慮と検討を付け加える」と
論じているが、以上の点を踏まえると、人間中心設計とは「受け手と
人工物との間の相互作用を通じて受け手に生じる主観的な経験をより
良質なものにするため、想定する受け手のニーズ、身体的・心理的特

性、さらには生活や仕事の実態などの『人間（想定する受け手）の視点や特性』をより良く理解し、その理解を人工物の創出、ならびにその企画や開発といったプロセスに反映していく一連の活動」であると言えよう[8]。

　さて、この一連の活動を大まかに分類すると、以下の3つの活動にまとめられよう。

（1）対象とする人間の理解とそれに基づく要求事項の明確化
　　対象とする人間のニーズや特性、日々の活動の実態といった点を、調査等により的確に把握・理解し、その分析を通じ具体的な解決策の創出に向けた要求事項[9]を得る活動
（2）要求事項をより良く満たす具体的な解決策の創出
　　上記活動を通じ導出した要求事項を踏まえ、より質の高い経験の創出が期待される具体的な解決策を創出する活動
（3）創出した解決策と要求事項との適合性の評価
　　創出した具体的な解決策と導出した要求事項とが適合しているか、特に第三者の視点から検証し、問題が発見された場合はその改善につなげていく活動

　ISO9241-210では人間中心設計のプロセスに関して、「利用状況の把握と明確化」、「ユーザの要求事項の明確化」、「ユーザ要求に適合した解決策の具体化」、「要求事項に対する具体案の評価」の4つの活動で構成されるプロセスとして記述しているが、このうち、「利用状況の把握と明確化」、「ユーザの要求事項の明確化」の2つは連続して行われることが多いことから（黒須, 2013）、ここではこの2つを「対象とする人間の理解とそれに基づく要求事項の明確化」として統合している[10]。残りの「ユーザ要求に適合した解決策の具体化」、「要求事

項に対する具体案の評価」は、それぞれ「要求事項をより良く満たす具体的な解決策の創出」、「創出した解決策と要求事項との適合性の評価」に対応している。

　これらの人間中心設計に関する活動は単線的に順次行われるわけではなく、相互に関連しながら試行錯誤的に行われる。たとえば「創出した人工物と受け手との適合性の評価」は、「対象とする人間の理解とそれに基づく要求事項の明確化」を通じて導出された要求事項が満たされているかどうかを検証し、それが満たされていない原因を特定するのが本質的な目的であることから、この2つの活動は密接に関係している。さらに、「創出した解決策と要求事項との適合性の評価」を通じて問題点が発見された場合は、「要求事項をより良く満たす具体的な解決策の創出」に戻り、より効果的だと考えられる解決策を別途創出する必要がある。また、「対象とする人間の理解とそれに基づく要求事項の明確化」の段階に戻り、不足していると思われる調査を行うケースもある。一般に、人間中心設計のプロセスは、反復的で螺旋的に発展していくプロセスである。また人間中心設計に関する活動は相互に深く関連していることから、その推進にあたっては、それぞれの段階の活動を特定の部門や担当者が限定的かつ独立して実施するのではなく、企画、調査、開発、デザイン、品質評価といったさまざまな部門が連携することが望ましいとされている。

3-3 「未来の経験」と人間中心設計とのかかわり

　先に論じたように、良質な「未来の経験」を実現させる製品・サービスの創出は不確実性を伴う活動であるが、人間中心設計のアプローチを適用することで、こうした不確実性を低減させることが期待できる。では、人間中心設計はいかにしてこの不確実性の低減に貢献することができるのであろうか。ここでは先に触れた人間中心設計に関す

る3つの活動に沿って解説する。

「対象とする人間の理解とそれに基づく要求事項の明確化」を通じて導出された要求事項は、続く「要求事項をより良く満たす具体的な解決策の創出」において、対象とする人間のニーズや特性、日々の活動の実態に適合した人工物の創出、およびそれを通じた「未来の経験」をより良質なものにするための拠りどころとして機能する。

人間の特性や特定の業務における基本的な原則などは、未来の時点において大きく変動するものではない。とりわけある程度の再現性が確認できる身体的特性や知覚・認知的特性は未来においても劇的に変化することは考えにくい。それ故、このような点を基本的な制約条件と捉え、それらを適切に反映して設計した人工物は、たとえ将来の状況であっても、受け手との適合性の高いものになると期待できる。

また未来の受け手が欲すると思われることを、現在の顧客やユーザのニーズや日々の活動の実態などの中から先取りして発見し、それを制約条件とした解決策を人工物に反映することも、不確実性を低減させるためのアプローチの一つである。特に一般の人々は、必ずしも自身のニーズや課題、そしてその解決方法を明確に認識していないことから、（過去に実施した調査の経験などを通じて）さまざまな顧客やユーザのニーズや日々の活動の実態を知るマーケティングリサーチや商品企画などの担当者や、さまざまな技術や解決方法を知るエンジニアやデザイナーらは、その専門知識や業務経験などに基づき、受け手の「未来の経験」の創出に向け有用だと思われる事象に着目し、一般の人々が気づいていないニーズを先取した提案をすることができうる（上原, 1999）。

さて、「要求事項をより良く満たす具体的な解決策の創出」の段階で導出された解決策は、必ずしも想定する未来の受け手に受け入れられるとは限らない。こうしたリスクを回避するための活動が「創出した解決策と要求事項との適合性の評価」である。仮に開発の途中段階

であっても、導出した解決策を試作品やプロトタイプのような形で具体化し、それを想定する受け手（厳密に言えば、想定する受け手と同質であると見なせる人）に使用してもらうことで、あるいは人の特性について豊かな知識を有する専門家にレビューしてもらうことで、考案した解決策が適切なものかどうかを、（少なくとも考案した当人の視点ではなく）受け手の立場から客観的に評価することができる。これにより将来発生する可能性のある障害を事前に発見することができ、前もって何かしらの対策を講じることができる。こうした評価と改善を反復的に行うことによって、市場投入後、発生しうる多くのトラブルを未然に防ぐことができる。

　人間中心設計の導入は一見業務の負荷が高いように思われるかもしれないが、そのアプローチを適用した製品・サービスは、受け手により興味・関心を持たれ、より使いやすく、そしてより喜ばれるものになり、その結果、受け手の満足向上や継続的利用の促進につながることが期待できる。また、市場投入後、その価値が十分に伝わらなさそうな点や、不満が発生しそうな箇所を見極め、そうしたリスクに先回りして対策を講じることができることから、その結果としてサポートのためのコストの削減につながりうる。以上の点から、人間中心設計の導入は総合的に考えると投資効果の高い取り組みであると考えることができる。

　人間中心設計の導入は功利的な側面にとどまらない効用をもたらすだろう。その導入は、自分たちが提供している、あるいはこれから提供する予定の製品やサービスが人々の生活や社会に入り込むことにより、それらが人々にどのように受け止められるのか、そして人々の生活や社会に対してどのような影響をもたらすのかという問いと向き合う必要に迫られる。こうした製品・サービスを提供することの社会的意義と向き合う機会や、人間生活の豊かさについて考える機会を持つことを積み重ねていくことは、ひいてはより豊かな生活の構築や社会

の更なる発展への貢献につながるのではないだろうか。（伊東, 2010）。

4 製品・サービスの創出に向けた実践における
人間中心設計の適用場面

　ここまで、受け手の主観的な経験の質を向上させるため、製品や
サービスの創出に人間中心設計を適用することの効用について見てき
た。では適用をより効果的にするためには、製品やサービスの創出に
向けた実践のどのタイミングで適用することが望ましいのであろうか。
　製品・サービスが市場に投入されるまでのプロセスは、製品・サー
ビスの種類によってさまざまであるが、テレビやカメラといった製造
業を例にとると、大まかに、企画、設計、生産、市場投入という流れ
が一般的ではないだろうか。製品・サービスの具体化が進むほど、言
い換えれば工程が後ろになるほど、関係する部門が増え、その結果、
互いの調整事項の増加、またコストやスケジュールなどの制約がより
大きくなることから、仕様や設計の変更など検討事項の追加が困難に
なる傾向がある。それ故、人間中心設計は仕様や設計の修正・変更が
比較的行いやすい、できるだけ初期の段階、いわゆる上流工程から適
用することが望ましい。
　さて人間中心設計は比較的汎用的なアプローチであり、さまざまな
場面で適用が可能であるが、適用する場面や対象によって（基本的な
考え方やアプローチは同じでも）その内容が異なる。以下ではその違
いを示すため、人間中心設計の適用が効果的で、かつ企業などでしば
しば適用されていると思われる、3つの場面 —— 企画段階におけるコ
ンセプト開発フェーズ、設計段階における仕様・デザイン策定フェー
ズ、市場投入段階におけるマーケティングコミュニケーション施策構
築フェーズ —— を紹介する[11]。

4−1　企画段階におけるコンセプト開発フェーズ

　そもそも製品・サービスの創出において、コンセプトとは何であろうか。上原（1999）は、製品コンセプトについて「成分、スペック、デザインのような形態ではなく、これを使用・消費することによって消費者が得る意味・便益、問題解決そのもの」と規定している。また藤本・安本（2000）は、「コンセプトとは、その新製品によっていかに顧客の問題を解決し、顧客満足を達成するかについての基本的な考え方のことで、主に言葉で表現される」と定義している。楠木（2010）は「コンセプトとは、その製品（サービス）の『本質的な顧客価値の定義』を意味しています」と論じ、加えて「本質的な顧客価値を定義するとは、『本当のところ、誰に何を売っているのか』という問いに答えること」と藤本らの定義に類似した説明をしている。

　以上の定義と前節までに論じてきた内容を踏まえると、コンセプトとは「これから創出する製品やサービスを通じて、未来の顧客やユーザに提供したい価値や経験について定めたもの」であると言えよう。コンセプトの内容は製品・サービスの提供先によってさまざまであるが、たとえば一般の人々に対しては、彼らの生活における問題の解決や新たなライフスタイルの提案、企業に対しては、業務の効率化や生産性の向上といった経営課題の解決に向けた提案などが挙げられる。

　コンセプトを開発することの効用は、製品・サービスの送り手側だけでなく、受け手側にももたらされる（朝野・山中、2000）。送り手側にとっての効用は、まさに製品やサービスを具体化していく際の指針となることである。企画、開発、販売など、新たな製品・サービスの創出に向けたさまざまな実践において、それに携わる人たちの道しるべとして機能するのと同時に、こうした実践における問題解決場面において、提案の良し悪しを判断する際の拠りどころになる。一方、受

け手側にとっての効用は、コンセプトの内容を通じ、送り手が提供している製品・サービスがどのようなものか、そしてどのような価値をもたらしてくれるものなのかを理解できるようになることである。それ故、裏を返せば、送り手がコンセプトを開発するにあたり、受け手に受容される魅力的な内容を目指さなくてはならない。

　コンセプトはその性格上、第三者に伝わりやすい表現であることが求められる。その表現は製品・サービスの種類、またその用途によって異なり、最大の訴求ポイントを端的に表した言葉、世界観をより良く表現した視覚的なイメージなどとその説明が記載された企画書、さらには想定する使用シーンなどが描かれたスライドや映像などさまざまである。コンセプトは市場に提供される実際の製品・サービスをもって最終的なかたちとして具体化されるが、上流工程では仕様やデザインなどが具体的に決まっていないことから、その表現は必然的に抽象的な内容が含まれたものになる。

　コンセプト開発フェーズにおける目標は、送り手の保有技術やノウハウ、インフラ、ブランドエクイティといった競争優位が見込める要素を活かしつつ、受け手のニーズ、社会や競合の動向、スケジュールやコストといった観点を踏まえながら、送り手と受け手、双方にとって価値のあるコンセプトを導出することである。このフェーズに人間中心設計を適用することにより、送り手の視点に加え、調査などを通じて得られた、想定する受け手に関する情報を反映したコンセプトを導出することができる。コンセプトはあくまで送り手から受け手への「提案」であり、実際に受け手に受け入れられる保証はない。しかし、繰り返しになるが、人間中心設計を適用することにより、受け手に受け入れられる可能性を高めることが期待できる。

4-2　設計段階における仕様・デザイン策定フェーズ

　開発されたコンセプトは、企画書や設計図面といった形で明確化され、最終的に製品やサービスをもって具体化される（Clark & Fujimoto, 1999）。仕様・デザイン策定フェーズは、コンセプトに描かれた「未来の経験」を実現させるために、想定する受け手（ここでは特にユーザ）にどのような人工物 ―― より踏み込んで言えば、その人工物を構成する機能や仕様、デザインなどの要素 ―― を提供し、受け手との接点においてどのようなやりとりを行うべきかを具体化していくフェーズである。

　このフェーズに人間中心設計を適用することにより、仕様やデザイン、機能などの検討や策定において、想定する受け手の視点が反映されることから、その使用場面における使いやすさや、使用を通じてもたらされる満足感が高まることなどが期待される。ある機能の使用場面において、ユーザが達成したいタスクが実行できない状況を減らす、使用時に感じる不快感やストレスをなくす、といったネガティブな側面をなくす効果だけでなく、効率や生産性の向上、さらには日々の使用を通じた満足感の向上、といったポジティブな効果も期待できる。

4-3　市場投入段階における
　　　マーケティングコミュニケーション施策構築フェーズ

　送り手は製品やサービスを創出することに加え、それらの存在や入手方法、利用を通じてもたらされる（と期待される）便益や経験を、受け手に対してわかりやすく訴求し、入手に関する意思決定や関連する行為が円滑に行われるよう配慮する必要がある。送り手と受け手とのコミュニケーションにおいて、送り手が想定したメッセージが、そ

の意図通りに受け手に解釈される保障はないが、それを成り行きに任せるのではなく、メッセージを受け取り解釈する受け手の特性を踏まえメッセージを作成し、適切な場面で、適切な伝達手段を通じて提供すべきである。

　マーケティングコミュニケーション施策構築フェーズは、このような送り手と受け手のコミュニケーションを効果的にすることを目指すフェーズである。想定した受け手に対し、新しい製品・サービスの存在を知ってもらい、それが価値あるものであると理解してもらった上で、入手につながるような効果的な施策を構築する。また、一連のコミュニケーション施策を通じて、受け手と良好な関係を築き、それを長期的に維持し、深めていくことも、このフェーズにおける大事な点である。施策には、広告、イベント、店舗における陳列、ウェブページ、さらには製品やパッケージのデザイン、価格、名称、販売員の身だしなみや接客方法など、送り手から発信される情報と受け手とのあらゆる接点におけるやりとりが対象となる。

　このフェーズに人間中心設計を適用することにより、以上のような施策が受け手の視点で創られ、製品・サービスに込めた意図や入手方法が伝わりやすくなり、結果として購入や使用などの促進が期待できる。

　なお、以上の3つのフェーズは独立したものではなく相互に関連している。コンセプト開発フェーズは製品・サービスの企画・構想段階から、市場提供後、実際に受け手がそれを入手し使用する場面に至る、全体的な視点が求められる活動であり、他の2つのフェーズよりも先に行われ、かつそれらを包含している。仕様・デザイン策定フェーズとマーケティングコミュニケーション施策構築フェーズは、コンセプトに基づき検討が進められる点において類似しているが、その大きな違いは、仕様・デザイン策定フェーズが主として使用場面に焦点を

あてているのに対し、マーケティングコミュニケーション施策構築フェーズは主として購入場面を対象としている点である。仕様・デザイン策定フェーズは、基本的にマーケティングコミュニケーション施策構築フェーズよりも先に行われるが、マーケティングコミュニケーション施策は、製品・サービスの使用場面における受け手の経験に対しても多かれ少なかれ影響を与えると考えられることから、並行して検討が進められる時期もある。たとえば製品の見た目のデザインは、使用や購入場面において影響する要因であるため、設計とマーケティングコミュニケーション両方の観点から検討する必要がある[12]。加えて、製品の見た目以外にも、価格、名称、ブランドなどは、受け手の製品やサービスに対する期待や便益に影響すると考えられることから、やはり並行して検討が進められる。

5　人間中心設計における要求事項の二重性

　人間中心設計を推進していく過程で検討の対象となる主な要求事項は、製品やサービスの受け手の要求から導出される事項である。しかし、企業のような組織において実際に人間中心設計を推進していくと、安易に見過ごすことのできない別の要求事項の存在やその影響に気づかされることが少なくない。それは、製品・サービスを創出する送り手側の要求に基づく要求事項である。この存在や影響は「創出した解決策と要求事項との適合性の評価」におけるマネジメントの判断やその基準を巡ってしばしば顕在化する。たとえば、担当者の提案が、想定する受け手に関する要求事項を満たしていたとしても、送り手側として当該製品・サービスに込められている経営戦略的な狙いや、コストやスケジュール、技術的な実現性などといった点を満たしておらず、次の段階に進めない、というケースである。このように人間中心設計

の推進においては、受け手と送り手の要求事項が混在し、時にそれら
が相互に干渉する「人間中心設計における要求事項の二重性」とも呼
べるケースがしばしば発生する[13]。

　「創出した解決策と要求事項との適合性の評価」の段階において、
人間中心設計における要求事項の二重性に関する問題を回避するため
には、「要求事項をより良く満たす具体的な解決策の創出」の段階で、
要求が二重に存在することを踏まえた十分な検討が必要である。人間
中心設計を推進する担当者は、受け手の要求事項を満たす解決策を考
案することに加え、新たな製品やサービスを企画する背景にある戦略、
活用可能な資源、さらには経営方針や組織の文化なども考慮に入れ、
受け手と送り手の要求事項を適切に満たす解決策、そしてそれらの解
決策が適切に反映された人工物の創出を目指す必要がある。実際は、
要求事項間で両立が困難なケースがしばしば発生することから、要求
事項の優先順位を検討した上で、トレードオフや優先順位の低い要求
事項の取り下げを検討せざるをえない状況に直面することがほとんど
ではないだろうか。こうした場面において、人間中心設計の推進担当
者は安易に妥協するのではなく、多様な要求事項を満たせるようさ
ざまな切り口から建設的かつ創造的な提案をすることに努める必要が
ある。特に、組織において人間中心設計をリードする担当者は、特別
な理由もなしに送り手側の都合を鵜呑みにするような姿勢で臨んでは
ならない。人間中心設計の推進担当者は受け手の視点と真摯に向き合
い、より良い製品やサービスの実現、そして良質な経験の創出に向け、
関連部門の後ろ向きな提案に対して批判的な態度で臨む「受け手の要
求の代弁者」として振る舞うべきである。このような姿勢で日々の実
践におけるさまざまな問題と向き合い、小さな貢献を積み重ねていく
ことこそが、実務に人間中心設計を導入し推進していく上で肝要であ
り、真の意味での人間中心設計につながっていくのではないだろうか。

【注】

[1] （製品・サービスの）「受け手」という表記は、使用（ユーザ）や購入（消費者）といった特定の状況を連想させることを避ける意図で採用している。ただし文脈に応じてユーザや顧客と表記する場合がある。同様に「送り手」についても、製品やサービスを提供する主体が、必ずしも企業のような特定の組織に限らないことから、受け手という表記に対応する形で「送り手」という表記を採用している。また「主観的な経験」に関する用語として、ユーザが製品・サービスを使用する際の主観的な経験を意味するユーザエクスペリエンス（UX: User eXperience）や、使用場面に限らず、購入をはじめとする、企業とのさまざまな接点における顧客の経験を対象とするカスタマーエクスペリエンス（CX: Customer eXperience）という表現が広く用いられているが、本章の中でも論じたように受け手の主観的な経験は、使用や購入といった特定の場面における経験に限らないことから、特定の対象者や状況を連想させる可能性のある UX や CX という表記を避け、基本的に「受け手の主観的な経験」という表記を用いている。

[2] 上述した IT の進展と社会への浸透が、送り手と受け手との接点の在り方に深く関係していることを強調しておく。

[3] ただし小野（2010）によると、以上のような点に関して、こうした「大口客、常連客、得意客ほど、値引き交渉を求め、価格に敏感で、なおかつ、手間のかかる特別サービスが行われる傾向があるため、差し引きすれば、期待したほど生涯価値は上がらない」という反論もなされている。

[4] この4つは必ずしも独立しているわけではなく、相互に関連していることに留意していただきたい。

[5] ユーザインタフェースというと情報機器の画面デザインやリモコンなどを想起されるかもしれないが、これを改めて送り手と受け手とのインタフェース（接面）と捉えれば、必ずしも情報機器に関連したものだけではなく、接客や店構えなど IT を直接介さない接面もこれに含まれると言える。

[6] ユーザインタフェースと主観的経験に関連して、筆者がしばしば目にする UI/UX という表現について言及しておきたい。この表現における UX は、あるユーザが特定のユーザインタフェースを使用する際に、そのユーザに生起される経験のことを指していると思われるが、筆者はこの表現が、UX が本来対象としている範囲を狭め、UX の概念に対する混乱を招く一因になっているのではないかと

46

考えている。ユーザインタフェースは、送り手と受け手との間の直接的な接点の一つであり、製品やサービスに対する全体的な印象に影響する重要な要素ではあるが、UX に関連した業務に従事する担当者は必ずしもそれだけが UX のすべてではないことに注意するする必要がある。

[7] たとえば UX に関する実践に携わる専門家による国際団体 User Experience Professionals Association (UXPA) が毎年開催している国際会議では、近年、この点に関連する多数のセッションが催されている。

[8] 人間中心設計の概念については黒須（2013）に詳しいので、興味のある読者はそちらをご覧いただきたい。

[9] 要求事項の表現様式は必ずしも要求事項を記述した文書に限らず、表現のわかりやすさや関係者の理解の促進を意図し、サービスブループリントやカスタマージャーニーマップ（武山, 2017）、シナリオ（Carroll, 2000）などが用いられることもある。

[10] この統合には後述する人間中心設計と心理学とのかかわりの説明を単純化する意図も含まれている。

[11] ここで生産段階に言及していないが、これは人間中心設計が貢献できないことを意味するのではない。たとえば工場での生産における初期の段階において、製品に刻印された文字が想定ユーザにとって読みやすいかどうか専門家が評価し、修正を依頼するケースがあるが、これも人間中心設計の一例であると言える。しかし、生産段階では仕様がある程度確定していることがほとんどであり、評価の結果、問題を発見したとしても、せいぜい限定的な修正を施す程度しかできないだろう。繰り返しになるが、これこそ上流工程で人間中心設計を適用することが望ましい所以である。

[12] これに関連してシュミット (Schmitt, 2015) は、受け手と送り手との間のさまざまな接点において、人工物や情報を巧みにデザインすることにより、良質な経験の創出を実現させたいくつかの事例を紹介している。

[13] 厳密に言えば、受け手も送り手も多様であることから二重性というより多重性という表現が適切であるが、ここでは簡略化のため二重性という表現を採用した。

【参考文献】

朝野熙彦・山中正彦 (2000)『新製品開発』朝倉書店.

Carroll, J. M. (2000) *Making Use: Scenario-based design of human-computer interactions*. MIT Press.〔郷健太郎（訳）(2003)『シナリオに基づく設計：ソフトウェア開発プロジェクト成功の秘訣』共立出版.〕

Clark, K. B., & Fujimoto, T. (1991) *Product Development Performance: Strategy, organization, and management in the world auto industry*. Boston: Harvard Business School Press.〔キム・B.クラーク・藤本隆宏／田村明比古（訳）(2009)『増補版 製品開発力：自動車産業の「組織能力」と「競争力」の研究』ダイヤモンド社.〕

藤本隆宏・安本雅典（編著）(2000)『成功する製品開発』有斐閣.

ISO 9241 210: 2010 (2010) "Ergonomics of Human-System Interaction-Human-Centred Design for Interactive Systems".

伊東昌子 (2010)「心理学と人間中心設計」『心理学ワールド』51, 29-32.

Kotler, P., & Keller, K. L. (2006) *Marketing Management*. 12th ed., Prentice-Hall.〔恩藏直人（監修）／月谷真紀（訳）(2008)『コトラー＆ケラーのマーケティング・マネジメント 第12版』ピアソン・エデュケーション.〕

黒須正明 (2013)『人間中心設計の基礎』近代科学社.

黒須正明 (2020)『UX原論：ユーザビリティからUXへ』近代科学社.

楠木健 (2010)『ストーリーとしての競争戦略』東洋経済新報社.

Lemon, K. N., & Verhoef, P. C. (2016). Understanding customer experience throughout the customer journey. *Journal of Marketing, 80*(6), 69-96.

長沢伸也（編著）(2005)『ヒットを生む経験価値創造：感性を揺さぶるものづくり』日科技連出版社.

日本学術会議心理学・教育学委員会心理学分野の参照基準分科会報告 (2014)「大学教育の分野別質保証のための教育課程編成上の参照基準心理学分野」http://www.scj.go.jp/ja/info/kohyo/pdf/kohyo-22-h140930-4.pdf

Norman, D. A. (2013) *The Design of Everyday Things*. New York: Basic Books.〔岡本明・安村通晃・伊賀聡一郎・野島久雄（訳）(2015)『誰のためのデザイン？：認知科学者のデザイン原論 増補・改訂版』新曜社.〕

小野譲司 (2010)『顧客満足［CS］の知識』日本経済新聞出版.

恩藏直人 (2007)『コモディティ化市場のマーケティング論理』有斐閣.

恩藏直人・及川直彦・藤田明久 (2008)『モバイル・マーケティング』日本経済新聞社.

Pine II, B. J., & Gilmore, J. H. (1999) *The Experience Economy*. Harvard Business School Press.〔岡本慶二・小高尚子（訳）(2005)『新訳 経験経済：脱コモディティ化のマーケティング戦略』ダイヤモンド社.〕

Roto, V., Law, E., Vermeeren, A., & Hoonholt, J. (2011) User experience white paper. http://www.allaboutux.org/uxwhitepaper

Schmitt, B. H. (1999) *Experiential Marketing: How to get customers to sense, feel, think, act, and relate to your company and brands*. The Free Press.〔嶋村和恵・広瀬盛一（訳）(2000)『経験価値マーケティング：消費者が「何か」を感じるプラスαの魅力』ダイヤモンド社.〕

Schmitt, B. H. (2003) *Customer Experience Management*. John Wiley & Sons.〔嶋村和恵・広瀬盛一（訳）(2004)『経験価値マネジメント：マーケティングは、製品からエクスペリエンスへ』ダイヤモンド社.〕

Schmitt, B. H. (2015). The design of experience. In R. Batra, C. Seifert, & D. Brei (Eds.), *The Psychology of Design: Creating. Consumer appeal* (pp.197-204). New York: Routledge.

Schultz, D., & Schultz, H. (2004) *IMC: The next generation*. The McGraw-Hill.〔博報堂タッチポイント・プロジェクト（訳）(2005)『ドン・シュルツの統合マーケティング：顧客への投資を企業価値の創造につなげる』ダイヤモンド社.〕

武山政直 (2017)『サービスデザインの教科書：共創するビジネスのつくりかた』NTT出版.

内田和成・余田拓郎・黒岩健一郎（編著）(2015)『顧客ロイヤルティ戦略：ケースブック』同文館出版.

上原征彦 (1999)『マーケティング戦略論：実践パラダイムの再構築』有斐閣.

第3章 心理学は人間中心設計の推進において いかに関与するのか

小俣 貴宣（ソニーグループ株式会社）

　第2章では、近年の製品・サービスの創出において、その受け手の主観的な経験が重視されている点について触れ、この主観的な経験の質を向上させるための効果的なアプローチの一つである人間中心設計について解説した。受け手の主観的な経験の例として、製品の購入意向、製品の使用を通じて感じられる使い心地、サービス利用後の印象、さらにはこうしたさまざまな場面における経験の累積からもたらされる満足感などが挙げられるが、これらは総じて受け手の心理的な反応と言える。それ故、人の心理的な反応を取り扱う研究分野である心理学は、人の心のはたらきや行動の特性に関する専門知識、方法論、そしてその考え方やアプローチなどを通じ、人間中心設計の推進をより効果的なものにする。

　では、心理学は人間中心設計を進めていく過程で、どのように関与するのだろうか。本章では、まず両者の関連について述べた後、第2章において論じた人間中心設計に関する3つの活動である「対象とする人間の理解とそれに基づく要求事項の明確化」、「要求事項をより良く満たす具体的な解決策の創出」、「創出した解決策と要求事項との適合性の評価」において、心理学がそれぞれどのように関与するか解説する。その後、心理学の活用にあたり、心理学の専門性がどのように関わるのかを論じ、最後に本章までのまとめとして、製品やサービスの創出に向けた実践に心理学を活用していくことの意義について筆者の考えを述べる。

1 人間中心設計の推進における心理学の関与

　心理学はその専門知識と方法論の実践的な活用を通じて人間中心設計の推進におけるさまざまな場面で深く関与し貢献することができる [1]。その直接的な貢献は、対象としている人々の特定の心のはたらきや行動に対する理解を深め、客観性の高い説明を可能にし、予測することを助けることである。このような心理学の貢献は、人間中心設計の推進において、人の特性やニーズに根ざした提案につながると同時に、提案の説得力を高め、提案の良し悪しを判断するマネジメントの意思決定を助ける。そして、このような積み重ねは受け手に良質な経験を提供することのできる製品やサービスの実現につながることと期待される。

　では人間中心設計の推進において心理学の専門知識と方法論を実践的に活用するとは、それぞれどのようなアプローチなのだろうか。心理学の専門知識は、人間中心設計の推進において、興味の対象になっている人の特性について理解し、説明する上で有用である。これはちょうど、身体に原因がはっきりしない症状が見られた際、医師の診断を受けたり、医学の専門書やウェブサイト等で病名や原因を調べたりするようなものである。関心が向けられている現象に該当する、あるいは関連する理論や研究が特定できれば、その現象について理解を深め、説明を可能にし、何かしらのアクションにつなげることができうる。また心理学の専門知識は、人の特性に根ざした提案を産出する際の根拠として機能し、さらに提案に対する人の反応を予測することを助ける。心理学の専門知識には、たとえばどの程度の大きさの文字ならば読みやすいかといった、情報機器のユーザインタフェースのデザインや街の案内表示の制作などにおいて役立つ情報があり、こうし

た比較的汎用的な専門知識は、実世界における任意の場面、さらには未来の場面における人の振る舞いにさえも活用が可能である。しかしその一方で、専門知識の多くは、統制された特殊な環境下で得られた実験協力者の反応に基づき導出されたものであり、そのような環境は実世界における人の心理や行動と少なからず乖離していることから、実世界の現象に対して、参考にはなるものの、直接的に適用できるとは言いがたいケースもがあり得る。またひと言で心理学の専門知識といってもきわめて多様な領域があり、同時に個々の研究の多くは細分化されていることから、専門知識の中に必ずしも求める情報が見つからない、あるいはそもそも存在しない場合もある。このようなケースに対して心理学の方法論を用いたアプローチが有効である。心理学研究は、直接観測することのできない心のはたらきや複雑な人間の行動をより良く説明し、そしてより深く理解するための方法論を開発し発展させてきた[2]。このようにして培われた心理学研究における方法論を適切に用いることで、興味の対象となっている人の心のはたらきや行動を直接的に調べることができる。実際のところ、検討中の製品やサービスを具体化していく過程で特定の機能やデザインの有効性を評価するため、それらに対する顧客やユーザの直接的な反応を調べるといったことが求められることもしばしば発生することから、こうした実践的な場面において心理学の方法論を適用する機会は少なくない。方法論を用いたアプローチは、このように特定の関心事に対して直接的な回答が得られる利点があるが、その一方でデータの収集のみならず、その準備や協力者のリクルートなどに対して、それなりの時間と労力が必要である。

　以上のように2つのアプローチにはそれぞれ一長一短がある。両者は完全に独立したものではなく、不足している点を補完する、いわば相補関係にあり、状況に応じて使い分ける必要があるだろう。以下では、人間中心設計における心理学のかかわりをより詳しく見ていくた

め、第2章において論じた人間中心設計に関する3つの活動ごとに説明する。

2 「対象とする人間の理解とそれに基づく要求事項の明確化」における心理学のかかわり

　人間中心設計を推進する担当者には「作ったものを買ってもらう、使えるようにする」という姿勢ではなく「必要とされるものを作る、使えるものを作る」という気構えが求められる。新たな製品やサービスの企画・構想段階において、担当者はこうした気構えに基づき、想定する受け手にとって価値のある「未来の経験」を構想し、それを実現させるために必要だと思われる機能やスペック、外観や操作部のデザイン、受け手とのコミュニケーションの仕方などを検討していく。

　「対象とする人間の理解とそれに基づく要求事項の明確化」は、言うなれば、こうした「未来の経験」が実現されるよう、想定する受け手のニーズや特性、日々の活動実態といった受け手に関する情報を、人を対象とした調査などを通じてよりよく理解し、そこから得られた情報に基づき、受け手の視点に根ざした要求事項を導出する活動である。このようにして導出した要求事項は、この先に続く活動である「要求事項をより良く満たす具体的な解決策の創出」において、解決策を考案する担当者が留意すべき検討課題になると同時に、効果的な —— たとえば想定する受け手のニーズを満たしうる、あるいは、将来、受け手にとってリスクになりうる障害を回避しうる —— 解決策を創出するための拠りどころとして機能する。

　この活動において、心理学の専門知識や方法論は、対象としている受け手をより深く理解し、受け手についてより客観性のある説明をしていく上で有用である。そしてこうした理解に基づき導出された要求

事項は、より受け手のニーズや特性に沿ったものになる。以下、「対象とする人間の理解とそれに基づく要求事項の明確化」において、しばしば行われる人を対象とした調査について簡単に触れた後、心理学のかかわりについて詳しく解説する[3]。

2-1 「対象とする人間の理解とそれに基づく要求事項の明確化」における人を対象とした調査

「対象とする人間の理解とそれに基づく要求事項の明確化」において、人を対象とした調査は中核的な活動である。実際、人間中心設計の推進において多くの調査が行われるが、その内容は実にさまざまである。ここではその多様さを伝えることを意図し、本書第2章4節において取り上げた3つのフェーズごとに、実際にどのような調査が行われるか簡単に紹介する[4]。

(1) コンセプト開発フェーズにおける調査

コンセプト開発フェーズにおいて実施される人を対象とした調査の主な目的は、人々の生活、あるいは仕事などの中から、人々が抱えている問題やニーズ、さらにはそこから推測される潜在的な問題といった、コンセプトを開発する上で有用な情報を得ることである。

既存の製品やサービス、特にベンチマークになりうるそれらの顧客やユーザを対象とした調査は、多くの企業においてしばしば行われているのではないだろうか。既存の製品やサービスの長所や短所を把握し、新たな製品・サービスの創出に向け、競合との優位性をどこに求めるか、また留意すべき点がどこかなどを検討するために実施される。また、広く普及している、あるいは特定の人々に支持されている人気の製品やサービスに関する調査もしばしば行われている。こうした調査が実施される理由は、そうした製品・サービスには、多くの人々を

惹きつける何かしらの要因があると仮定されるためである。調査を通じて、人々を惹きつける、本質的な要因を特定することができれば、それは新しい製品やサービスのコンセプトを考える上で、きわめて有益な情報になりうるだろう。

　コンセプトの開発にあたり、競争相手が知りえない、あるいは気づいていない情報を先駆けて得ることが大事であるが、そのような価値のある情報を得るためのさまざまな調査が提案されている。たとえば、顧客やユーザが明確に言語化することは難しくとも、漠然と感じていること、あるいは、本来ならばある人にとって有用な点だと思われる現象を当人がまったく自覚していないことは、製品やサービスを創出する側にとって有用な情報として活用できる可能性がある。このような潜在的な要求を探るための一つの方法として、調査をする側が興味を持っている集団について知るために、同様な集団と見なせる人々を対象に調査を行うのではなく、その集団に関して深い知識や豊かな経験を持つ有識者に意見を聞くことが挙げられよう。たとえば、日常的に顧客と接している販売員や、市場と常に深いかかわりを持っている流通業者、ある専門的業務についての深い理解と豊富な経験のあるベテラン、特定の分野に造詣が深い学者や記者など、特定の分野や領域に豊かな経験や深い知識がある有識者たちは、関連する人々の日々の活動やそれを取り巻く環境、さらには一般の人々が気づいていないニーズを把握している可能性がある。一例として、新しいヘアケア商品の企画にあたり、髪に関する悩みやニーズについて一般の人々に尋ねるよりも、日常的にさまざまな人々の髪に関わる問題と接している美容師から話を聞く方が、コンセプトの開発に向けて有用な情報が効率的に得られると期待できる。これに関連して特に将来の流行を先取りしていると思われる先端的な人々を対象にした調査方法も提案されている（von Hippel, 2005）。他にも、アンケート調査やインタビューのような特定の質問に対して対象者の顕在的な反応を得る方法ではな

く、普段の生活や仕事における人々の行動の観察を通じて潜在ニーズを捉える調査も行われている。

　コンセプト開発フェーズの特に初期の段階は、その目的上、探索的に進められるケースが多く、それ故、実施される調査も比較的探索的である。たとえば将来の人々の生活を予測するような調査や、そもそもどのような顧客やユーザに向けて製品・サービスを提供すべきか見極めるための調査なども行われている。

(2) 仕様・デザイン策定フェーズにおける調査

　仕様・デザイン策定フェーズにおける調査の目的は、受け手の視点に立脚した製品・サービスの仕様やデザインを具体化していくため（より厳密に言うと、そのための要求事項を導出するため）に、想定する顧客やユーザ、関連する製品やサービスとの関係性、それらを取り巻く状況などに関する理解をより深め、仕様やデザインの具体化に資する有用な情報を得ることである。実際に行われている調査の例として、関連する製品やサービスを利用している状況を把握するため、利用の際に実際に行ったことや感じたことをインタビューや質問紙などを通じて報告してもらう調査や、使用場面やその時のエピソードなどを写真や日記のような形式で、一定の期間、記録してもらうなどの調査が挙げられる。より具体的な利用状況に迫るため、調査員がユーザの家庭やオフィスなどに訪問し、実際の使用場面の観察や、その場でインタビューを行うことなども行われている。この他にも、具体的なスペックについて検討する目的で実験心理学的な調査が行われることもある。たとえば映像表示装置の画面の大きさやそこで表示される情報の視認性の検討にあたり、特定状況下における人の視覚特性を、事前に用意したいくつかの視覚的な情報に対する人の反応を通じて明らかにするような調査である。

（3）マーケティングコミュニケーション施策構築フェーズ
　　における調査

　このフェーズにおける調査の目的は、製品・サービスの存在、そしてその便益の伝達、購入の促進などにつながる効果的なコミュニケーション施策を構築するための有用な情報を得ることである。実際に行われている調査の例として、購入者や購入意向者を対象としたアンケートやインタビュー、実際の店舗における来訪者の買い物行動の観察や常設カメラなどを用いた回遊行動の分析、製品や広告、ウェブサイトを見せた際の眼球運動や脳の反応といった生理反応の計測、ウェブサイトのアクセスログや購買に関するデータの分析など、さまざまな調査が挙げられる。

　全体を通じ、一見すると類似した調査が行われているように感じられるかもしれないが、それぞれの調査で背景や目的が異なるのはもちろんのこと、フェーズ間においては調査の焦点がそれぞれ異なる。仕様・デザイン策定フェーズにおいては主として「使用場面」、マーケティングコミュニケーション施策構築フェーズにおいては主として「購入場面」における人々の心理や行動の理解に焦点が当てられている。これらよりも前のフェーズであるコンセプト開発フェーズにおいては、より包括的な観点からコンセプトの開発に資する情報の探索と特定に重きが置かれている。

　さてこのような人を対象とした調査の流れは大まかに以下の5つの段階に分けられよう。

（1）調査目的の明確化：そもそも何を明らかにするために調査を行うのか、また調査を通じて得られた知見を最終的に何に活かしたいのか検討する段階

（2）調査内容の具体化：調査目的を達成するため、また調査を効果
　　的に行うため、いつ、どのような人たちから、どのようなデータ
　　を、どの程度、どのようにして得るか、その実現性を考慮しなが
　　ら調査内容を具体的に設計していく段階
（3）調査の実施とデータの収集：具体化した調査内容に基づき調査
　　を行い、必要なデータを収集する段階
（4）分析と解釈、および考察：得られたデータの分析・解釈を通じ
　　て、調査目的に対する結論の導出や考察を行う段階
（5）結果の報告：導出した結論や見解を関係者に伝え、共有してい
　　く段階

　基本的にこれらの5つの段階は独立したものではなく、相互に関連
している。たとえば調査内容の具体化の段階において、データ収集の
方法を検討するにあたり、データを集めた後、どのような分析を行い、
どう解釈していくかという見通しがその内容に影響する。

2-2　心理学の関与

　先に「対象とする人間の理解とそれに基づく要求事項の明確化」に
おいて、人を対象とした調査は中核的な活動であると論じたが、同時
に、心理学研究における方法論やアプローチが特に貢献する活動でも
ある。ここでは先述した人を対象とした調査の流れに沿って、それぞ
れの段階において心理学がどのように関与するか論じる。

（1）調査目的の明確化
　人を対象とした調査を企画するにあたり、そもそもなぜ調査を実施
する必要があるのか、調査の実施する前の時点で何が既知で何が未知
なのか[5]、未知の情報のうち重要だと思われるものはどれか、そし

てそれらを明らかにすることによって、製品・サービスの創出に対してどのようなメリットをもたらすのか、さらにはその調査を実施する費用や推進する労力を費やすだけの価値があるのかなど、組織の活動として調査を実施する意義や狙いを明らかにしていくことが重要である。

　基本的に、製品・サービスの創出に関するプロジェクトは、経営課題や技術革新、社会環境の変化など、何かしらの背景に紐づいた組織の要請に基づいて発足されることがほとんどであろう。それ故、たとえ初期の段階であっても、何かしらの制約事項があるはずである。調査を企画し推進する担当者は、製品やサービスを創出する狙いや調査が必要とされた背景を十分に理解し、スケジュールや予算といった制約条件、関連しそうな既存の調査などを参考にしながら、投資に見合った成果が得られるよう、調査の目的や意義を明確にしていく必要がある。

　実際のところ、調査の目的を定める過程は比較的探索的に進められることが多いのではないだろうか。たとえば、プロジェクトが既存製品の改良か、あるいはこれまでとは異なるジャンルの新製品の創出を意図したものかによって検討内容が変わってくるし、組織の中に有効な活用が見込める顧客情報や関連する調査レポートなどがあるかどうかも影響するであろう。また実際にどのような調査が実施できるか、実施するとして実現性があるかどうかなどの見通しを立てる必要もある。この際、担当者に心理学研究におけるさまざまな方法論に関する知識があれば、計画中の調査の期待される効果や実現性を説明し、提案することができる。また心理学のさまざまな専門知識があれば、そもそも人を対象とした調査を行わずとも適切な情報を提供できる可能性もあるし、仮に該当する情報がなくとも、調べる必要がある領域をある程度絞り込むことができる。

（2）調査内容の具体化

　調査の目的や方針が決まったとしても直ちに調査が実施できるわけではない。調査を実施するためには手続きや規模など、その内容を具体化する必要がある。調査の担当者は調査の目的に沿って、スケジュールや予算などの制約条件を考慮に入れつつ、必要な情報を得るため、どのような人々を対象に、どの程度の規模で、そしてどのような方法でどのようなデータを集めるべきかといった点を具体化する。

　調査を通じて得られる情報は当然のことながら実施する調査の内容に依存することから、調査内容を具体化する作業や過程は必要な情報を得る上できわめて重要である。具体化のための手順は、基本的な考え方はあるものの、調査の背景や目的、実施上の制約条件はそれぞれの調査によって異なることから、担当者は都度、その内容を検討し、作り上げていく必要がある [6]。

　心理学の方法論やそのアプローチは、具体化に向けて大いに役立つ。まず調査目的に基づき、調査が実施できるような手続きに「翻訳」することができる。たとえばある製品がどの程度使いやすいのか知りたいとしよう。そのためにはどのような手続きが考えられるだろうか。単刀直入に「この製品は使いやすいと感じましたか」と尋ねるのも一つのやり方である。しかし果たしてこれだけで十分だろうか。ある製品とはどのような製品なのだろうか。値段はいくらぐらいなのだろうか。その製品は単独で使えるものなのか、もしくはインターネットなどを通じて他のサービスなどと連携して使うものなのか。それはどのような人が使用するのだろうか。1人で使うのか、あるいは複数人で使うのか。いつ、どのような環境で、何のために、どのような機能をどのように使用するのだろうか。どのような文脈や状況で使われているのだろうか。使用の頻度はどの程度だろうか。調査の担当者はこのようなさまざまな観点から対象とする心理や行動について、関連事項も含め十分に検討した上で、調査の対象者、対象者に行ってもらうこ

と、調査の環境、取得するデータといった調査の内容を調査目的と照らし合わせながら吟味し、具体化していく。そこでは、どのような人を調査の対象者とすべきか、参加者から得られたデータ、およびその解析結果が、調査目的に関する問いを実証する根拠になりえるかどうか、その手続きに問題はないか、実施する環境や時期、参加者に提示するものは適切か、取得したデータをどのように解析するか、調査参加者の心身の負担など倫理的な点について十分な配慮がなされているか、といった点について検討する必要がある。いくつか例を挙げると、飲料品を扱う調査であれば実施する時期や気温についての配慮が必要であろう。産業用機器のような特殊な製品の調査であれば、対象者のリクルートが大事である。調査を行う環境の選定や構築も無視できない。テストルームなど、特定の環境においてポジティブな反応が得られたとしても、普段の生活や慣れ親しんだ環境において同様の反応が得られるか不確かである。たとえばスマートフォンなどのモバイルデバイスの調査であれば、屋内に限らずさまざまな環境で使用されることを想定しておく必要がある。

　人を対象とした調査の内容の具体化にあたり、さまざまな方法やアプローチを提案できるのも心理学の強みの一つである。代表的な心理学の研究法として、観察法、面接法、質問紙法、実験法などが挙げられるが（たとえば大山他，2005）、実際にどの方法を用いるかは、その目的、期待されている成果、さらには実施可能な期間や費用なども考慮の上、選択される。こうした心理学研究における方法論は「創出した解決策と要求事項との適合性の評価」における調査においても同様に関与し、貢献することができる。

（3）調査の実施とデータの収集

　調査の内容が具体化したら、調査に参加してもらう人たちの募集など実施に向けた準備を行い、調査計画に沿って調査を進めていく。質

問紙調査のように事前に用意した質問紙を配布し返送されるのを待つ調査もあれば、インタビューのようにその場で反応を得るような調査もある。

　インタビューなどにおいて、調査協力者は自分自身の意識に上った点について報告することは可能だが、当然ながら本人が気づいていない点については報告できないこと、報告された点はあくまで報告した本人による一つの解釈にすぎないこと、必ずしも自身の心の状態を正しく報告できるとは限らないこと、調査で正直に報告したとしても実際の使用場面でそのとおりに行動するとは限らないこと、目の前の実験者にとって都合の良い振る舞いをしてしまうことが生じる可能性があることなどに留意しておく必要がある。インタビューを実施する担当者は、綿密な調査の設計や周到な準備の上、以上のような人を対象とするが故の難しさに注意を払いながら慎重かつ批判的な態度でインタビューに臨む必要がある。心理学の方法論の知識や調査の実施経験は、こうした準備やインタビュー中の質問の仕方などにおいてそのような知識や経験のない担当者との違いを生む。

　他にも、生理反応を得るような実験においては、反応を得るために特殊な装置を用いる必要があるが、期待する精度のデータを得るために、こうした機器をどのように取り扱えばよいかといった技術的な点においても心理学の方法論や実践を実施した経験が発揮される。

（4）分析と解釈、および考察

　得られたデータの分析方法は、基本的に調査内容の具体化の段階で検討がなされており、担当者はその計画に沿って分析を進めていく。調査を通じて得られたデータの分析・解釈は心理学研究が得意とする分野の一つであり、特に分析方法に関しては、統計解析を始めとし実にさまざまな手法が提案され、実施に用いられている。多様な方法を提案できること以外にも、分析におけるデータの前処理や分析上の留

意点、うまくいかなかった場合の対処法など、データの分析を通じて有用な知見を得るためのノウハウもまた実務において心理学が貢献できる点である。

(5) 結果の報告

　調査を通じて得られた知見を、調査実施の背景や結論に至った根拠を含め共有することも調査の担当者の重要な任務である。心理学研究の正しい理解に基づいて導出された結論であれば説得力が増すのではないだろうか。他方、報告においては、聴衆が必ずしも人を対象とした調査に精通しているわけではないことに留意し、共有の仕方を工夫することや、より質の高い製品やサービスの創出に向け、得られた知見に基づき今後どのような取り組みに着手すべきか関係部門に提案していくことも大事である。これらの点については終章において詳しく解説する。

　ここまで、人を対象とした調査の企画や推進における心理学の方法論の関与や貢献について見てきた。他方、受け手の心理や行動の特性をより良く理解する上で、方法論に基づくアプローチの他に、心理学の専門知識もまた有用である。この点について1つ例を挙げて説明しよう。ある企業において、若手の担当者で構成された製品企画部門が、新たに製品を企画する際に、想定する受け手をシニア層と設定したとする。認知心理学や発達心理学の研究分野では、高齢者の心理的特性についての研究が行われているが、加齢の影響により若年者とは異なる傾向が見られることが知られている（権藤, 2008）。製品企画部門が、このような傾向の違いを知っているか、こうした傾向の違いを正しく理解しているか、そして実際に製品の企画を具体化していく際、シニア層のステレオタイプにとらわれることなく、こうした知識を適切に用いることができるか否かによって、要求事項、さらには製品の有り

様が変わってくることが容易に想像できよう。

3 「要求事項をより良く満たす具体的な解決策の創出」における心理学のかかわり

　続いて「要求事項をより良く満たす具体的な解決策の創出」における心理学のかかわりについて解説する。この人間中心設計に関する活動の目的は、先の「対象とする人間の理解とそれに基づく要求事項の明確化」を通じて得られた要求事項をより良く満たす、具体的で実現性の高い解決策を創出することである。解決策の検討にあたり、単にそれぞれの要求事項に対応する形で進めればよいわけではなく、その解決策と受け手との接点において予想される相互作用に加え、その前後の文脈、さらには他の解決策との一貫性や整合性といった包括的な視点で検討する必要がある。また第2章において言及した、人間中心設計における要求事項の二重性も無視できない重要な観点である。
　検討する解決策の対象は実にさまざまであり、基本的に受け手との相互作用に関わるあらゆる施策がその対象になりうる。例をいくつか挙げると、仕様やデザインに関しては、製品の外観やユーザインタフェース、具体的なスペックなどが挙げられ、またマーケティングコミュニケーション施策に関しては、各種の広告、イベント、製品パッケージ、ウェブページ、ソーシャルネットワーキングサービスの活用、店舗における陳列の仕方、販売員の身だしなみや接客の仕方、さらには製品の価格、サービスの名称などきわめて多様である。

3-1　解決策の創出過程

　では「要求事項をより良く満たす具体的な解決策の創出」において

心理学はどのように関与するのであろうか。この説明にあたり、まず解決策の創出過程について論じる。

最終的な解決策に至るまでの過程は試行錯誤的であり、基本的に特定の手続きに沿って導出されるようなものではないが、その過程は大まかに2つの段階に区分することができよう。1つは要求事項を解決しうるアイデアを生成する段階、もう1つは生成したアイデアが要求事項に沿った内容であるかどうかを内省的に検証する段階である。前者のアイデアの生成段階では、要求事項を制約条件とした「飛躍」（Holyoak & Thagard, 1995）が必要となる。この際、生成されるアイデアは無限に存在しうるが、それぞれのアイデアの有効性を（主として発案者自身で）検証し、特に有効なアイデアの選抜、あるいはアイデアを鍛錬し発展させていくことにつなげていくのが後者の内省的な検証段階である。この段階では、生成したアイデアと要求事項との適合性に加え、コスト、開発スケジュール、技術的な実現可能性、特許の侵害といった、組織において製品やサービスを具体化していく上で無視することのできない観点から、そのアイデアが適切な内容かどうか検証する。その結果、要求事項との適合性が不十分、もしくは実現性に欠けると判断された場合は、アイデアの修正や再構築、あるいは別のアイデアを新たに考案する必要がある。実際、解決策の創出過程は、要求事項をはじめとする制約条件と向き合いつつ、アイデアの生成と検証を繰り返していく探索的で発展的な反復の過程である。

3-2 心理学の関与

この2つの段階において、心理学の専門知識はより質の高い解決策の導出に向けてきわめて有用である。まずアイデアの生成段階において、心理学の理論や既存の研究成果は、人の心理や行動に関する特性に根ざしたアイデアを導出するための有効な手がかりとして活用する

ことができる。アイデアを検討する担当者は、要求事項に加え、関連のありそうな心理や行動の特性を適宜参照し、アイデア生成における拠りどころとして活用することができる。換言すれば、既存の心理学の専門知識を踏まえ、将来、解決策と受け手の相互作用を通じて生じる心のはたらきの制御に応用することが期待できる。このようにして導出したアイデアは、人の心理や行動の特性に適合した有効な解決策へと発展しうる。たとえばユーザインタフェースのデザインを検討するにあたり、それをよりユーザの特性に適合したものにしていくため、心理学、とりわけ感覚・知覚心理学、認知心理学、そして生態心理学[7] の専門知識がきわめて有用である（黒須, 2013; Norman, 2013）[8]。こうした専門知識を適切に活用することにより、そのユーザインタフェースを使用する際のユーザの知覚・認知的な負荷が軽減されることが期待でき、その結果として主観的な経験の質の向上につながりうる。この他にも、心理学の専門知識は、製品・サービスの販売や広告に関する施策の検討する上でも深いかかわりがあり、たとえば消費者心理学の分野ではさまざまな研究が行われている（杉本, 2012; Solomon, 2013）。近年では感覚・知覚心理学における比較的新しい研究成果に基づき、人の感覚に対して効果的な訴求をする施策を構築し、広告効果や売り上げ、満足度の向上の促進につなげるマーケティングの研究や実践も行われている（Krishna, 2013）。

　こうしたアイデアの生成に必要とされる人の心のはたらきや行動の特性は「対象とする人間の理解とそれに基づく要求事項の明確化」を通じて網羅できていることが望ましいが、実際のところ、要求事項をまとめる段階で関連する特性を網羅することは現実的に難しいのでないだろうか。また解決策を具体化する過程は探索的であり、反復的であることから、具体化の過程で、それまでに想定されていなかった課題が顕在化するケース、新たな課題の顕在化に伴い解決策の再検討を求められるケース、また想定する受け手に関してさらなる情報が必要

になるケースなど、元々計画していたことの見直しを迫られることが多いのではないだろうか。このような場合には、有効な活用が見込める心理学の専門知識をそのつど探索し、特定する必要がある。探索の結果、該当する専門知識が特定できない、あるいは既存の専門知識だけでは不十分であると判断された場合は、コストやスケジュールなどを考慮の上、必要な情報を得るための調査が実施されるケースもある。たとえば、新規性の高い製品の特定のスペックの具体的な値を人の特性に基づき決定するような場面においては、参考になる特性や類似事例はあっても、同一の先例が存在しないことから、具体的な値を得ることを意図した調査が企画されるケースもある。なお、こうした調査を実施する場合は、繰り返しになるが心理学の方法論が有用である。

　続いて内省的な検証段階であるが、心理学の専門知識は、生成したアイデアが適切なものか判断する上で有用である。そもそも生成したアイデアは、要求事項に基づき発想されたものであるとはいえ、そこには論理的な飛躍が多少あることや、発案した担当者のバイアスの影響も考えられることなどから、必ずしも要求事項を満たす内容であるとは限らない。そこで生成したアイデアが適切なものかどうか、すなわち将来の受け手に対してそのアイデアを提示した際、期待する反応が得られるかどうかを検証する必要が生じる。こうした際、心理学の専門知識は、生成したアイデアを受け手に提示した際、それがどのように受け止められるか、またどのように振る舞うかといった、将来起こりえる受け手の心理的反応や行動について、人の無意識的な心のはたらきをも含めた理解と説明をする助けとなる。さらにはそのアイデアが実現された場合、受け手にどのような影響をもたらすか、また受け手とアイデアとの相互作用が現実的に成立しうるものなのかといった予測をする際に活用できる。

　以上をまとめると「要求事項をより良く満たす具的な解決策の創

出」において、心理学、特にその専門知識は、人の心のはたらきや行動の特性に根ざしたアイデアを導出するための拠りどころとして、また生成されたアイデアが将来の受け手にどのように受け止められるのか予測し、説明する際の根拠として機能しうる[9]。第2章でも触れたように、人の心理的特性や身体的特性は基本的に未来の時点においても大きく変化するものではないと考えられることから、関連する専門知識を適切に選択し活用することで、人の特性を根拠とした、より質の高い、そしてより説得力のある解決策の創出につなげることが期待できる。

　もちろん、心理学の専門知識を参照すれば万全というわけではない。心理学研究の成果の多くは、基本的に実験室などある特定の状況下において取得されたデータに基づいており、心理学の教科書や研究論文に記載されている内容は、送り手が想定している特定の状況において活用できるとは限らない。心理学の専門知識を参照することが、良質なアイデアの生成や、アイデアが受け手にもたらす反応の正確な予測を保証するわけではないのである。しかし、開発スケジュールやコストが限られているなか、これまで心理学研究が積み上げてきた専門知識を適切に活用することの効用、すなわち時間短縮やコスト削減を実現しつつ、効果的で説得力のある解決策の創出が期待できること、あるいは創出には至らなくとも有力な候補を絞り込むことができることの恩恵は、組織にとって大きいと言えよう。

4 「創出した解決策と要求事項との適合性の評価」における心理学のかかわり

4−1 評価が必要な理由とその留意点

「要求事項をより良く満たす具体的な解決策の創出」の過程で生成されたアイデアや、そのアイデアに基づき構築された人工物などの解決策は「対象とする人間の理解とそれに基づく要求事項の明確化」において導出した要求事項を踏まえて考案されたとはいえ、そこには担当者らのバイアスの影響などがあると考えられ、必ずしもそれらの要求事項に適合しているとは限らない。それ故、創出したアイデアや解決策に対して、想定している受け手の視点から、要求事項との適合性を文字どおり「客観的に」検証する必要がある。評価の方法は評価対象や実施段階などによって異なり、例を挙げるとユーザビリティテスト（Nielsen, 1993; 黒須, 2003, 2013）、インスペクション法（Nielsen & Mack, 1994）、官能評価（天坂・長沢, 2000; 井上, 2012）、A/Bテスト（Kohavi, Tang, Xu, 2020）、広告効果測定（小林, 1991; 竹内, 2010）、顧客満足度調査（小野・小川編著, 2021）などさまざまである。

　評価の際に用いる対象物もまた多様であり、たとえばコンセプトを文章やイラストなどで表現したコンセプトボード、より具体的な利用場面を描いた映像、プロトタイプや試作品、さらには最終的な製品の状態に近いものが用いられることもある。市場で成功した製品やサービスを対象とし、その長所を調べることを目的とした評価も行われているが、ここでの評価は基本的に自身のアイデアや解決策の問題の発見を志向したものであることから、不完全な状態の対象物を用いるケースがほとんどではないだろうか。実際に用いる対象物は、最終的

に評価の目的、実施のタイミング、評価の準備に割くことのできる期間や費用、評価方法など、さまざまな点を考慮の上、決定される。また、第三者による評価を行うためには、検討中のアイデアを（部分的にせよ）関係者以外の何者かに開示する必要がある点についても留意しておく必要がある。検討中のアイデアが特に社外に知られるリスクを回避するため、社内モニターなど、送り手側の人たちに評価への参加を依頼するケースや、調査協力者に対して秘密保持契約の締結を依頼するなどの対応策が行われている[10]。社内モニター制度などを活用する場合、社内モニターは自社の製品・サービスに対する豊富な知識や使用経験がある可能性が高いことから、評価の担当者は、社内モニターの反応におけるバイアスの影響に注意しておく必要がある。このように、評価実施のタイミングや情報漏洩対策などの事情により、対象物を不完全な形で提示せざるをえない状況がしばしば発生するが、担当者はこうした制約条件が評価結果に与える影響を考慮の上、都度、評価の手続きを工夫する必要がある。

　評価にあたり、受け手の主観的な経験には、個々の解決策に対する特定の受け手の反応に限らず、その前後の文脈や他の解決策の影響などの存在を常に意識しておく必要がある。また、ある程度長い期間使用した後の、その人工物に対する印象や使い方、また使用する環境は、入手時、あるいは利用開始時とは異なると予想されることから（たとえば携帯電話や住宅などの利用を想像していただきたい）、そうした長期的かつ包括的な観点から受け手の主観的な経験を捉え、解決策の評価に臨む必要もあるだろう。

　さて、評価を行う上で、評価の内容の質を高めていくことはむろん重要であるが、人間中心設計の観点から俯瞰的に考えると、評価を通じて発見された問題点を踏まえ、より良い解決策、さらには製品・サービスの実現につなげていくことが大事である。したがって評価を推進する担当者は、評価の手続きの検討や評価の結果が、その後の工

程に多少なりとも影響することを考慮に入れつつ、その手続きを具体化していく必要がある。たとえば評価の手続きの検討にあたり、解決策の良し悪しの判定や発見した問題点を単に指摘することだけを目指すのではなく、評価の結果、解決策の改善や見直しにつなげられるよう、その原因が特定しやすいような手続きを考えることも大事なポイントである。また、評価を通じて得られた結果を、どの関係者に向けてどのように共有していくかも無視できない。その際、製品・サービスの創出に携わる一員として、改善に向けた方針や別の解決策を自ら提案する姿勢で臨むことも大切である。

「創出した解決策と要求事項との適合性の評価」は「要求事項をより良く満たす具体的な解決策の創出」と連携し、相互に反復をしながら、要求事項との適合性を高め、解決策の発展に貢献する活動である。考案された解決策が検討すべき要求事項を適切に満たし、解決策に対して予測される受け手の主観的な経験が、受け手にとって価値があると見なされれば、その解決策は最終的な製品・サービスを構成する要素として認められる。

4-2　心理学の関与

「創出した解決策と要求事項との適合性の評価」では、考案したアイデアや解決策に対する協力者の反応を通じて評価を行う。心理学はその方法論や専門知識を通じ、そうした評価の質と精度の向上に貢献することができる。

「対象とする人間の理解とそれに基づく要求事項の明確化」と同様、「創出した解決策と要求事項との適合性の評価」でもしばしば人を対象とした調査が行われる。評価にあたり、心理学の方法論は本章2-2において論じた内容と同様に、主として調査内容の具体化や得られたデータの解析において貢献することができる。「創出した解決策と要

求事項との適合性の評価」では特に、結果が得られた後の工程を意識し、解決策の改善に向けた手がかりが得られるような手続きを考案することが大事である。評価を進めていく上で、協力者の反応を精度良く測定することや対象物の総合的な良し悪しを客観的に評価することはもちろん大事な点であるが、評価する対象物の有効性や問題点を特定できるよう、さらには改善に向けたヒントが得られるような手続きを考えることもまた肝要である。たとえば、検討中の解決策だけを評価するのではなく、別の解決策、改善の前後、競合製品などといった比較対象と共に評価を行うことで、検討中の解決策の相対的な長所や短所を明らかにすることや、そうした要因になりそうな点を予想しておき、評価の際に明示的に尋ねる、あるいは明示的に尋ねなくとも、評価対象として要因の異なるいくつかのパターンを用意し、評価全体を通じて要因の影響が特定できるような設計にしておくなどの工夫が必要である。心理学研究ではこうした要因を特定するための知恵や工夫が数多くの考案されており、こうした研究遂行上のノウハウは、人間中心設計における評価の場面でも大いに役立つ。

　もう一つの心理学の専門知識の関与については、ユーザビリティ評価の代表的な手法の一つであるエキスパートレビューを例にとり説明する。エキスパートレビューは心理学や人間工学などの知識や実務経験が豊富なユーザビリティの専門家が、その専門性に立脚した洞察に基づき、対象物におけるユーザビリティ上の問題点を発見するための手法である。基本的に関係者以外の人が参加するユーザビリティテストなどとは異なり、若干名の専門家 —— プロジェクトのメンバーが実施することが多いのではないだろうか —— が評価を行うことから、真の意味で第三者の客観的な視点であるとは言いがたいが、比較的短時間で実施できる点、ユーザビリティテストなどと比較し安価に実施できる点、開発初期など評価する対象物が完全な状態でない段階であっても実施できる点、機密の観点から検討事項を関係者以外の人た

ちに開示することができない場合でも実施できる点など、多くの利点が挙げられる。心理学の専門知識はエキスパートレビューのような評価の質の向上に大きく貢献する。人の心のはたらきや行動に関する基本的な特性は大きく変化することはないと考えられることから、人の心理的特性や身体的特性に関する専門知識、そうした専門知識を活用した経験の豊かさは、任意の解決策との相互作用を通じて生じる心のはたらきや行動の説明や予測の正確さの向上、そして解決策に潜む問題の発見やその原因の特定につながるのである（Nielsen, 2019）。

4-3　他の人間中心設計に関する活動における評価との違い

　さて、これまでに解説した他の 2 つの人間中心設計に関する活動においても「創出した解決策と要求事項との適合性の評価」における評価と類似した活動が実施されることについて触れたが、ここでは改めてその違いについて補足しておく。

　「対象とする人間の理解とそれに基づく要求事項の明確化」において、競合する他社の製品やすでに市販されている自社製品など、既存の人工物を対象とした評価を行う場合があるが、「創出した解決策と要求事項との適合性の評価」における評価との大きな違いは、実施する目的と評価する対象にある。前者における評価は、想定する受け手のニーズや特性、日々の活動に沿った解決策を創出するための方針や留意すべき点を見出すことを主眼に置いた活動である。すでに市場に流通している人工物の中から、質の高い解決策の創出に資する情報の取得が見込まれる人工物（たとえば他社の類似製品など）を対象に評価を行い、これから創出する製品・サービスの方向性や特徴づけに役立てることが主たる狙いである。一方の後者は、「要求事項をより良く満たす具体的な解決策の創出」を経て創出された解決策、さらにはそれを含んだ人工物に対する受け手の反応を調べることで、その解決

策と要求事項との適合性を評価し、解決策のさらなる改善につなげることが主な狙いである。

　続いて「要求事項をより良く満たす具体的な解決策の創出」における評価は、要求事項と、それに基づき考案したアイデアや解決策との適合性を検証し、それを通じてアイデアや解決策の改善や見直しをするという点で本質的に同様な活動であると言える。両者の大きな違いは、実際の受け手の反応を通じた、（アイデアや解決策の生成に直接関与していない）第三者的な視点を導入しているどうかである。「要求事項をより良く満たす具体的な解決策の創出」における評価は、主としてアイデアや解決策を考案した担当者本人、あるいは共に考案に関与した担当者同士の内省的で即時的なものであり、真に客観的であるとは言いがたい。一方、「創出した解決策と要求事項との適合性の評価」における評価では、担当者間である程度の検討がなされた解決策に対して、想定する受け手 ── より正確に言えば、想定する「未来の」受け手と同質であると見なせる人々 ── の反応に基づき評価を行う[11]。

5　心理学の専門性は人間中心設計における実践においていかに発揮されうるか

　心理学はその専門知識や方法論を通じ、ある特定の心のはたらきや行動に関する理解や説明、そして予測を助け、人間中心設計の推進に貢献することができる。しかし実際のところ、心理学の一般書籍などを通じて知りえた断片的な知識を、直面している課題に表面的に適用しただけでは、期待する効果を得ることは期待できない。なぜならば、その適用の在り方そのものに心理学の専門性が深く関わっているためである。換言すると、心理学を適用することで、人間中心設計をより

効果的に推進していくためには、心理学の専門性、さらにはそれを実践的に活用できる人材が不可欠である。

　では心理学の専門性を有するとはどのようなことを指すのだろうか。雑駁に言うと、それは心理学の専門知識と方法論に関する知識の量と理解の深さ、そしてそれらを使いこなす技能やリテラシー、さらには多様な心のはたらきや行動に対する向き合い方ではないだろうか。時に難解な心理学研究を読みこなすために必要なリテラシーや心理学の専門知識や方法論を使いこなすための技能は、心理学研究、あるいはそれに類する実践の積み重ねに根ざしている。経験を積み豊かなリテラシーや技能を獲得できれば、たとえ最新の研究であっても、また多少専門分野が異なっていたとしても、その内容をある程度正確に理解し、時に問題点を指摘できるようになる。また、心理学の専門知識や方法論を用いる際、さまざまなアプローチをその効用や限界と共に提案し、実施できるようになる。心理学を活用する際の知恵や工夫、そして勘所や匙加減などの実践的な知識の量にも心理学の専門性の影響が見られるであろう。また、人の心のはたらきや行動にはさまざまな要因が影響していると考えられるが、その現象や機序を科学的に理解し、説明するためには、対象を注意深く観察し、深く掘り下げる姿勢や習慣、さらには洞察力や想像力が求められよう。心理学の研究者たちは、このような態度や能力を育むことに加え、取り扱いが困難な人の心のはたらきや行動を科学的に捉えるための心理学特有の方法論やアプローチを鍛錬させてきた（Gilovich, 1993）。そして今日の心理学研究はこうした先人の努力に支えられ発展し、心のはたらきや行動に関する数多くの専門知識を産出してきたと言っても過言ではないだろう。

　心理学の専門性は、その専門知識と方法論に関する知識の量や理解の深さに加え、心理学研究の基盤とも呼べる技能やリテラシー、そして人の心理や行動に対する向き合い方にも支えられていると考えられ

る。そしてこうした専門性に根ざした実践を自身のフィールドで積み重ねていくことで、周囲から専門家として認められ、専門家としての独自性や信頼の形成につながっていくのではないだろうか。

　では人間中心設計の実践において、心理学の専門性は、それを有する専門家を通じ、どのような形で発揮されうるのだろうか。この点について筆者は、専門知識の活用、方法論の活用、そして心理学の専門性に根ざした特有の人間観において見られると考えている。以下、それぞれについて解説していく。

5-1　専門知識の活用

　一般に、人の心のはたらきや行動は捉えがたいものであるものの、たとえばゲシュタルト要因のように一定の法則性が見られる特性や、認知バイアスのように確率的な傾向性が見られる特性もある。先に触れたように、このような心理学の専門知識は、人間中心設計の推進において、特定の状況における人の心のはたらきや行動についての理解や説明、そして任意のアイデアや解決策に対して人々がそれをどのように受け止め、そしてどのように振る舞うか説明し、予測することを助ける[12]。

　さて、人間中心設計の実践において心理学の専門知識を活用する際、直面している課題の内容をその背景を含め理解した上で、その解決に資すると思われる専門知識を特定することが、その活用を効果的にするための第一歩である。しかし第1章でも触れたように心理学、そしてその関連領域は広範囲に及び、また時に難解であることからその特定は簡単なことではない。この点に関して、心理学の専門性を有する人材は、直面している課題と心理学とのかかわりを検証しつつ、その課題の解決に資すると思われる専門知識を、学会などにおける最近の関連研究も含め、比較的短い時間で特定することができる。ちょうど、

このことは医師が診察をする際、問診をしながら治療に向けた糸口を見つけていく過程と類似している。来院する患者は体調が悪いことは自覚できても、症状の原因を特定することは困難であるが、医師は多くの症例に接した経験や医学の専門知識に基づき、症状から推測される診断をすることができる。

　特定した後、実際に活用する場面においても心理学の専門性の有無は大きく影響する。繰り返しになるが、製品・サービスの創出に向けた実践において取り扱われる心理や行動のほとんどは、実世界の人々の生活や仕事における複雑な要因が関係している現象である。一方、学術研究としての心理学の研究成果の多くは、その目的上、基本的に統制された環境下において取得されたデータに基づいている。それ故、両者の間には少なからず隔たりがあり、心理学の専門知識を実世界の課題に対してそのままの形で用いることのできる範囲は、思いのほか狭く局所的である。心理学の専門家は、問題解決に向けて効果が見込まれる専門知識を特定するだけでなく、それを適用することによるメリット、活用上の注意点やリスク、そして限界などを提案することができる。

　人間中心設計の推進に携わる他の担当者の仕事に対して専門性に根ざした助言ができることも専門家の大事な役割の一つである。心理学の専門知識を用いる担当者が、必ずしも心理学に通じているわけではないことから、時に誤った知識や古い情報を用いている場合も少なくない。このようなケースにおいて、心理学の専門家はそうした知識を用いることの問題点を指摘し適切な専門知識を提案することができる。

　では人間中心設計の実践において、心理学の専門性は、それを有する専門家を通じ、どのような形で発揮されうるのだろうか。この点について筆者は、専門知識の活用、方法論の活用、そして心理学の専門性に根ざした特有の人間観において見られると考えている。以下、それぞれについて解説していく[13]。

5-2 方法論の活用

　2-1 でも論じたように、人を対象とした調査は人間中心設計の推進における中核的な活動の一つであり、その企画や推進には心理学の専門性が大いに発揮される。心理学の専門家は、多様な心理学の方法論の知識やそれらを用いた経験に基づき、調査の狙いや実施に至った背景、またスケジュールや労力、予算といった制約条件を踏まえ、適切な調査や実験の企画、その内容の具体化、そして実施や分析、報告など、人を対象とした調査に関わる業務全体にわたって貢献することができる [14]。

　調査の企画やその内容の検討にあたり、心理学の方法論に関する知識に根ざしたさまざまなアプローチを提案し、それを実際に行うことができることも心理学の専門家の強みである。心理学の専門家は、データの取得の仕方や測定方法、解析手法などのさまざまな心理学の方法論、そしてそれぞれの長所や短所に関する知識があり、それらを使いこなす技能を備えている [15]。そしてこうした知識や技能に基づき、調査の目的や考慮すべき制約条件を鑑みつつ、調査目的に沿った最適な方法を選択し、実行することができる。仮に適切な方法が存在しなければ、既存の方法をカスタマイズしたり、新規に開発することもある。たとえるなら職人が数ある道具の中から目的に応じて最適なものを選んで作品を作り上げていく過程に似ている。

　筆者はしばしば調査や分析に関する手法を教えてほしいという相談を受けることがあるが、多くの場合、「手法の内容だけを知ったとしてもそれだけでは現場の問題の解決に向けて活用することは難しいですよ」と回答している。たとえ優れた道具を持っていたとしても目的に応じてそれを使いこなせなければ無意味であることと同様に、方法を知っているだけでは意味がないのである。人を対象とした調査や実

験は心理学の専門性が活きる活動であると同時に、専門家としての力量や実務経験が問われる機会であるとも言えよう。

5-3　心理学の専門性に根ざした特有の人間観

　心理学の専門知識や方法論の学習やそれらを用いる機会、そして調査や実験などにおいて人の心理や行動に関するさまざまな現象に触れる機会が増えていくと、心理学の専門性は高度化し、任意の心のはたらきや行動について、心理学の専門家ならではの視点から捉えることができるようになる。こうした、いわば心理学の専門家特有の人間観は、他の人たちとは異なる視点や考え方を提示することにつながり、目立たないながらも人間中心設計の実践における随所で発揮される。たとえば心理学の専門家、とりわけユーザ調査やフィールドワーク、マーケティングリサーチなどに従事した経験が豊富な専門家は、仕事柄、さまざまな人々の実に多様な生活や仕事、そしてその場面におけるさまざまな心理や行動と接する機会がある。そして、そのような心理や行動を客観的に捉え、分析する訓練や経験をしてきていることから、新たに遭遇した人の心理や行動に対して、仮にそれが当人にとって個人的に馴染みのない、未知の現象だったとしても、また、当人にとって共感できない、あるいは興味のない出来事に対する見方だったとしても、客観的にそれを捉え、分析し、説明することができる。他にも、任意の人工物について、それがどのような人を対象に、どのような行動を促すために作られているのか、その設計上の意図や実際の効果について、その人間観に基づく説明や予測をすることができる。こうした能力は、自身が所属する組織が開発中の人工物に対しても、さらに言えば、その人工物が市場に存在しない新たな概念を含むものであったとしても発揮され、その人工物を世の中の人々に受け入れやすいものにしていくために貢献することができる。このような心

理学の専門家特有の人間観に基づく貢献は、新しい技術や仕組みが次々と提案される今日の社会において、そうした新しい概念を人の視点に根ざしたものにしていく文化の形成につながる重要な点だと言えないだろうか[16]。組織や社会が抱える、人に関連した問題の解決にあたり、その問題を心理学の専門家特有の視点からどのように捉えられるか提示し、解決に向けたアプローチを提案することは、心理学の専門家として大事な役割の一つであり、社会的責任と言えるだろう。

6 より良い製品・サービスの創出に向け 心理学を活かしていくための課題

　本章では、心理学が人間中心設計の推進においてどのように関与するか解説した。心理学の専門知識は、ある特定の状況下における人の心のはたらきや行動について、科学的な観点から理解を深め、説明することを助ける。そして考案したアイデアや解決策に対して、人がそれをどのように受け止め、どのように振る舞うかを予測する際の拠りどころとなる。また心理学の方法論は、人間中心設計の主要な活動である人を対象とした調査の質の向上に大いに貢献することができる。こうした心理学の特長を活かし、たとえば、人を対象とした調査などにより得られた情報を、製品・サービスの創出に向けた実践に効果的に反映させていくことで、最終的に生み出された製品・サービスは、受け手の「未来の経験」の質を高めると期待できる。他にも心理学の導入は製品やサービスの創出に向けた実践におけるさまざまな意思決定にも貢献しうる。第2章において論じたように、良質な「未来の経験」の実現は本質的に不確実性の高いものであるが、人の心理や行動について科学的な根拠に基づいた説明や予測ができることは、そのような不確実性の低減や、製品・サービスの創出に向けた実践に携わる

マネジメントや担当者の意思決定を助ける。

　このように心理学は優れた製品やサービスの創出に向け有用であるが、十分に考慮することなく心理学の専門家を雇用したり、心理学の教科書や専門書を読んだだけでは、そうした製品やサービスを創出することは困難である。なぜなら、両者を有機的に結びつけることのできる人材や仕組みが不可欠だからである。

　一般に、製品やサービスの創出に向けた実践には役割の異なるさまざまな部門や担当者が数多く関与している。優れた製品やサービスを創出するためには、各担当者が各々のパフォーマンスを十分に発揮することに加え、担当者や部門間の効果的な連携やそれを促進する仕組み、そして全体を俯瞰し、適切に管理できるマネジメントが不可欠であろう。同様に、製品やサービスの創出に向けて受け手の主観的な経験を組織全体で取り扱うためには、顧客のニーズや認知的特性といった受け手に関する情報を適切に取り扱うことのできる人材や、製品・サービスの創出過程においてそうした情報を効果的に活用し、製品やサービスに統合していくための仕組みとその効果的な運用が必要である。そうした仕組みを構築するためには、受け手に良質な経験をもたらす製品・サービスの実現に向けて、受け手に関するどのような情報を、どこから、どのようにして取得するか、得た情報をどのように分析し、その結果をどの関連部門とどのように共有していくか、その上で得られた情報をいかにして関連部門の実践に統合させていくかといった検討を十分に行う必要があるだろう（川上, 2005）。

　これまで見てきたように、心理学は人間中心設計の推進においてさまざまな貢献をすることができるが、それらを効果的に連携させ、優れた製品・サービスの実現につなげていくためには、人間中心設計の実践において心理学を適切に用いることのできる人材が必要であり、その人材には心理学の専門性が求められる。また担当者や部門間の連

携が求められることから、そうした人材には心理学以外の職能や知識が必要とされる。またこのような人材を効果的に機能させる仕組みを構築することも重要である。見方を変えれば、製品・サービスの創出に向けた実践において、心理学の特長を効果的に機能させることのできる仕組みは、創出過程において受け手の情報の取得や流通を効果的にし、将来、受け手に質の高い経験をもたらす製品やサービスを持続的に創出する基盤として機能しうる。そしてこうした仕組みの下、心理学の専門性を有する人材はそのような製品・サービスを創出するための中核的な存在として活躍が期待されよう。終章では、製品やサービスの創出に向けた実践において、心理学、ならびに心理学を活用する人材を巡る課題や留意点について解説していく。

【注】

[1] 本書第1章において、心理学教育で取り上げられる領域は、各分野における具体的な内容を論じる専門知識領域と、これらの領域を支え、全領域に共通する方法論を論じる方法論領域の2つの側面から分類することができると論じた。ここで言う専門知識と方法論は基本的にこの2つの領域に対応している。

[2] 本書では詳細な説明を割愛させていただくが、心理学研究で用いられるデータ解析に関する技術は、人間中心設計の推進に限らずさまざまな分野でも活用することができる。特に心理学研究では、実験などを通じて取得した人の心理や行動に関するデータに対して統計解析をしばしば行うが、こうした統計解析の知識や技術は、品質管理や販売数量の予測など、異分野におけるデータ解析の場面でも有用であろう。

[3] ここでいう調査とは心理学における調査法のことではなく、ある対象（本書では人）について調べるという、より一般的な意味を指している。

[4] 筆者の力不足や紙面の都合などにより、取り上げた事例に少々偏りを感じられる方もおられるかもしれないが、この点についてはご容赦いただきたい。

[5] むろん、既知の情報が本当に既知かどうかを問うことも大事な観点である。

[6] 調査の内容を具体化することは簡単だと思われがちであるが、実際は決して容

易な作業ではない。また、実際のところ、人を対象とした調査の担当者がこうした検討や精緻化を行っていることはあまり知られていないのではないだろうか。多くの場合、「調査業務」とひと言で括られ、誰が担当しても同じ結果が得られるように思われがちであるが、こうした調査の設計はきわめて創造的な問題解決であると筆者は考えている。本章4節においても触れるが、こうした調査内容を具体化していく過程においても専門性や実務経験が深く関係しているのである。

[7] 紙面の関係上、本書では詳しく触れないが、アフォーダンスやシグニファイアの概念は、アイデアや解決策の創出や評価において有用な視点を提供しうる。詳しくはノーマン（Norman, 2013）、デイビス（Davis, 2020）をご覧いただきたい。またアフォーダンスの概念に関する基礎については、入門書として佐々木（2015）を推奨する。

[8] 近年、ユーザインタフェースのデザインに役立つ専門知識をまとめた書籍が出版されている（Johnson, 2014; Weinschenk, 2015, 2020; Whalen, 2019; Yablonski, 2020）。

[9] 加えて、心理学の他にも人間工学、社会学、人類学、行動経済学などといった、心理学の近接領域の専門知識もまた有用である。

[10] その一方で、検討中の施策を一定の期間、試験的に開示し、より現実場面に近い状況での反応を得るケースもある。このようなアプローチはインターネット上のサービスにおいてしばしば行われており、その特長を活かし、開示した検討中の施策に接した来訪者のオンライン上の行動を分析することにより、その施策の有効性の確認や問題点の特定を迅速に行い、後の（場合によってはその場で）施策の改善につなげる試みがなされている。

[11] 先に触れたエキスパートレビューは、上述した「要求事項をより良く満たす具体的な解決策の創出」における内省的な検証段階における評価と類似した評価の方法であると言えるが、客観的な視点を導入するという点からすると、解決策を考案した担当者以外、できればプロジェクトの関係者以外の専門家に評価を依頼することが望ましい。

[12] 見方を変えると、ある程度経験を積んだ専門家であれば、アイデアや解決策に対する人の振る舞いの予測に基づき、それらを評価するだけでなく、仮に解決策が適切でないとすれば、専門知識を参照しつつどのように改善すべきかを提案することもできよう。こうした提案ができる能力は心理学特有の専門性とは言いがたいが、筆者はこうした専門性の越境は、心理学の専門家がその活躍機会を拡大

する鍵であり、人間中心設計をさらに効果的にするために重要であると考えている。この点については終章において詳しく論じる。

[13] これに関連して、近年問題視されているダークパターンについても少しだけ触れておきたい。ダークパターンとは、その言葉を作成した英国の UX の専門家であるブリグナル氏により開設されたウェブサイト（https://www.darkpatterns.org/）によると、ウェブサイトやアプリケーションにおいて用いられ、何かの購入、署名や登録などの場面で、当人が意図しない行為を仕向ける手口である。たとえば人の意思決定にはさまざまな認知バイアスの影響が見られることが知られているが（Kahneman, 2011）、ダークパターンは、こうした心理的な特性を逆手にとり、ユーザインタフェースを巧みに作りこむことで、ユーザがそのように意図していないにもかかわらず、製品やサービスを提供する側にとって都合の良い行動や意思決定をするよう欺く悪質な手口である。すでにこうした悪用を規制する動きも見られているが、こうした傾向は IT が日常生活に浸透した現代社会において今後ますます加速していくことが予想される。ダークパターンには心理学の専門知識が深く関与しており、製品・サービスの創出に向けた実践に関与する心理学の専門家には、この問題と倫理的に向き合う姿勢と責任が求められる。たとえば、新規に作成したユーザインタフェースのデザインが意図せずダークパターンに該当してしまっていたケース、あるいは、製品やサービス、あるいはその広告などを検討する場面において、功名心に駆られた担当者が心理学の専門知識を「悪用」しようとしているケースなどにおいて、人の特性を深く知る専門家として、その問題を指摘し、改善に努める責任があるだろう。

[14] この点に関しては、心理学の専門性に加え、一定のビジネススキルも必要である。調査の目的や背景を正しく理解することはもちろんだが、マネジメントが調査の結果に期待している点、仮に望ましい結果が得られなかった場合の対応、調査の結果を踏まえたマネジメントの意思決定やそれに伴う関連部門への影響など「人間中心設計における要求事項の二重性」を意識しつつ調査に臨む必要がある。この点については終章において詳しく解説する。

[15] 中には特殊な計測機器や複雑な解析技術を要するものもあり、これらを適切に使いこなすためには高度な専門知識や技能が必要とされる。

[16] このような貢献は、心理学の専門家が企業で仕事をすることの一つの醍醐味ではないだろうか。心理学の専門家特有の視点から企業のさまざまな問題解決に取

り組み、市場に流通する製品やサービスや社会の制度設計などへと結びつけていく、心理学の専門性と産業や社会の発展との接続性は、大学や研究機関で仕事をすることとは違った魅力があると言えるのではないだろうか。

【参考文献】

天坂格郎・長沢伸也 (2000)『官能評価の基礎と応用』日本規格協会.

Davis, J. (2020) *How Artifacts Afford.* MIT Press.

Finke, R. A., Ward, T. B., & Smith, S. M. (1992). *Creative Cognition.* MIT Press.〔小橋康章（訳）(1999)『創造的認知』森北出版.〕

Gilovich, T. (1991) *How We Know What Isn't So: The fallibility of human reason in everyday life.* Free Press.〔守一雄・守秀子（訳）(1993)『人間この信じやすきもの』新曜社.〕

権藤恭之（編集）(2008)『高齢者心理学』朝倉書店.

原田悦子 (1997)『人の視点からみた人工物研究』共立出版.

Holyoak, K. J., & Thagard, P. (1995) *Mental Leaps: Analogy in creative thought.* MIT Press.〔鈴木宏昭・河原哲雄（監訳）(1998)『アナロジーの力：認知科学の新しい探求』新曜社.〕

池田功毅・平石界 (2016)「心理学における再現可能性危機：問題の構造と解決策」『心理学評論』*59*, 3-14.

井上裕光 (2012)『官能評価の理論と方法：現場で使う官能評価分析』日科技連.

伊東昌子 (2010)「心理学と人間中心設計」『心理学ワールド』*51*, 29-32.

Johnson, J. (2014) *Designing with the Mind in Mind*: Simple guide to understanding user interface design guidelines. Second Edition. Morgan Kaufmann.〔武舎広幸・武舎るみ（訳）(2015)『UI デザインの心理学：わかりやすさ・使いやすさの法則』インプレス.〕

Kahneman, D. (2011) *Thinking, Fast and Slow.* London: Penguin Books.〔村田章子（訳）(2014)『ファスト＆スロー（上）（下）あなたの意思はどのように決まるか?』ハヤカワ・ノンフィクション文庫.〕

Kaufman, J. C., & Sternberg, R. J. (2010) *The Cambridge Handbook of Creativity.* Cambridge, New York: Cambridge University Press.

Kelley, T., & Jonathan, L.(2001) *The Art of Innovation: Lessons in creativity from IDEO. America's leading design firm.* Doubleday.〔鈴木主税・秀岡尚子（訳）(2002)『発想する会社！：世界最高のデザイン・ファーム IDEO に学ぶイノベーションの技法』早川書房.〕

川上智子 (2005)『顧客志向の新製品開発：マーケティングと技術のインタフェイス』有斐閣.

Kohavi, R., Tang, D., & Xu, Y. (2020) *Trustworthy Online Controlled Experiments: A practical guide to A/B testing*. Cambridge University Press.〔大杉直也（訳）(2021)『A/B テスト実践ガイド：真のデータドリブンへ至る信用できる実験とは』KADOKAWA.〕

Kotler, P., & K. L. Keller, K. L. (2006) *Marketing Management*. 12th ed., PrenticeHall.〔恩藏直人（監修）／月谷真紀（訳）(2008)『コトラー＆ケラーのマーケティング・マネジメント 第12版』ピアソン・エデュケーション.〕

Krishna, A. (2013) *Customer Sense: How the 5 senses influence buying behavior*. New York: Palgrave Macmillan.〔平木いくみ・石川裕明・外川拓（訳）(2016)『感覚マーケティング』有斐閣.〕

熊田孝恒（編著）(2015)『商品開発のための心理学』勁草書房.

黒須正明（編著）(2003)『ユーザビリティテスティング：ユーザ中心のものづくりに向けて』共立出版.

黒須正明 (2013)『人間中心設計の基礎』近代科学社.

Maslow, A. H. (1954) *Motivation and Personality*. Harper and Row.〔小口忠彦（監訳）(1971)『人間性の心理学』産能大学出版部〕

三浦麻子 (2015)「心理学研究の『常識』が変わる？：心理学界における再現可能性問題への取り組み」『心理学ワールド』68, 9-12.

Murray, H. A. (1938) *Explorations in Personality*. New York: Oxford University Press.

Nielsen, J. (1993) *Usability Engineering*. Academic Press.〔篠原稔和（監訳）／三好かおる（訳）(2002)『ユーザビリティエンジニアリング原論：ユーザーのためのインタフェースデザイン』東京電機大学出版局.〕

Nielsen, J. (2019) Salary Trends for UX Professionals. https://www.nngroup.com/articles/salary-trends-usability-professionals/ (2022年2月20日アクセス)

Nielsen, J., & Mack, R. L. (Eds.) (1994) *Usability Inspection Methods*. New York: John Wiley & Sons.

入戸野宏 (2017)「モノづくりにおける実験心理学の貢献可能性」心理学評論, 60(4), 312-321.

Norman, D. A. (2013) *The Design of Everyday Things*. New York: Basic Books.〔岡本明・安村通晃・伊賀聡一郎・野島久雄（訳）(2015)『誰のためのデザイン？：認知科学者の

デザイン原論 増補・改訂版』新曜社.〕

小野譲司・小川孔輔編著 (2021)『サービスエクセレンス：CSI 診断による顧客経験
　［CX］の可視化』生産性出版.

大山正・宮埜壽夫・岩脇三良 (2005)「心理学研究法：データ収集・分析から論文作
　成まで」(コンパクト新心理学ライブラリ) サイエンス社.

Open Science Collaboration (2015) Estimating the reproducibility of psychological science.
　Science, 349, aac4716.

Runco, M. A. (2014) *Creativity: Theories and themes: Research, development, and practice* (2nd
　ed.). San Diego, CA, US: Elsevier Academic Press.

佐倉統 (2016)「科学的方法の多元性を擁護する」『心理学評論』59, 13-29.

佐倉統 (2020)『科学とはなにか：新しい科学論、いま必要な三つの視点』講談社.

Solomon, M. R. (2013) *Consumer Behavior: Buying, having, and being*, 10th edition, Pearson
　Education Inc.〔松井剛 (監訳) (2015)『ソロモン消費者行動論［上］［中］［下］』丸
　善出版.〕

杉本徹雄 (編著) (1997)『消費者理解のための心理学』福村出版.

上原征彦 (1999)『マーケティング戦略論：実践パラダイムの再構築』有斐閣.

von Hippel, E. (2005) *Democratizing Innovation*. Cambridge, MA: MIT Press.〔サイコム・イ
　ンターナショナル (訳) (2006)『民主化するイノベーションの時代：メーカー主導
　からの脱皮』ファーストプレス.〕

Weinschenk, S. (2015). *100 MORE Things Every Designer Needs to Know About People*. New
　Riders.〔武舎広幸・武舎るみ・阿部和也 (訳) (2016)『続・インタフェースデザイ
　ンの心理学：ウェブやアプリに新たな視点をもたらす＋100の指針』オライリー・
　ジャパン.〕

Weinschenk, S. (2020) *100 Things Every Designer Needs to Know About People*, 2nd Edition. New
　Riders.〔武舎広幸・武舎るみ・阿部和也 (訳) (2021)『インタフェースデザインの
　心理学 第2版：ウェブやアプリに新たな視点をもたらす100の指針』オライリー・
　ジャパン.〕

Whalen, J. (2020) *Design for How People Think: Using brain science to build better products*.
　O'Reilly Media.〔高崎拓哉 (訳) (2021)『脳のしくみとユーザー体験：認知科学者が
　教えるデザインの成功法則』ビー・エヌ・エヌ.〕

Yablonski, Jon. (2020) *Laws of UX: Using psychology to design better products and Services*. Oreilly

& Associates.〔相島雅樹・磯谷拓也・反中望・松村草也（訳）(2021)『UX デザインの法則：最高のプロダクトとサービスを支える心理学』オライリー・ジャパン.〕

第4章 製品・サービスの創出に向けた実践における心理学の活用事例

　本章では、製品・サービスの創出に向けた実践における心理学の活用事例を紹介する。事例は、現在、企業や大学で活躍されている心理学の専門家の方々に協力していただき、インタビュー1本と執筆いただいた小論6本で構成している。業種、活用対象、用いられている心理学の専門知識や方法論など、実にさまざまであり、心理学の活用範囲の広さを実感していただける内容になっている。各執筆者には実務において心理学を用いる際の課題や留意点、そして醍醐味や今後の期待などについても触れていただいた。今後、製品・サービスの創出に向けた実践において心理学を活用することに興味のある方、心理学をこれから学んでみたいとお考えの方、心理学を活用する仕事に興味のある方など、多くの方にとって役立つ情報となれば幸いである。以下、それぞれの事例について簡単に紹介する。

　はじめに、株式会社日立製作所の鹿志村香氏のインタビューを紹介する。鹿志村氏は、大学・大学院で学んだ心理学の知識が企業の中で「直接的に」役に立つ場面は少ないと指摘しつつ、会社の中で得意分野を活かせる仕事をするためには、所属している部門や与えられた仕事において自身が持つスキルや知識を活かしてどのような貢献ができるか熟慮し、自身の強みを活かせるそうした仕事を「発明」することが重要であると主張している。加えて、組織への貢献や得られた成果を積極的にアピールすること、活躍の機会を拡げていくこと、より優

れた成果を得るために高い問題意識を持つことや自身の専門性を越境していくことなどについて触れている。美術系大学を卒業したデザイナーが中心のデザイン部門という「異分野」において、鹿志村氏自身が仕事を発明する上で、どのように考え、どのような行動をしたのか是非読んでいただきたい。鹿志村氏の仕事に対する姿勢や行動は、心理学を学んだ人材の一つの成功事例にとどまらず、今日の企業におけるキャリア形成の考え方としても示唆に富む内容になっている。

　続いて株式会社KDDI総合研究所の新井田統氏からは、通信ネットワークの品質評価や設計において、人の心理的特性を踏まえた提案、およびその検証を行った事例をご紹介いただいている。ユーザを基点とした設計や評価において、心理学の専門知識や方法論、アプローチがどのように関与しうるかを知っていただけるだろう。また新井田氏は自身の実務経験から、企業の通信サービスの開発や設計において、心理学が活用できる領域は広いものの、その活用場面において必要とされる専門知識や方法論はそれぞれ異なることから、心理学の専門知識や方法論を幅広く学ぶことに加え、実際の活用場面において適切な方法を選択し、活用できるリテラシーを習得することが大事であることを主張している。加えて、製品やサービスの開発において、心理学を適切に活用できる人材を育成するための教育に対する期待についても論じている。

　花王株式会社の三枝千尋氏の論考では、ヘアケア商品の開発プロセスにおいて、商品の企画段階から具体化、そして消費者への訴求に至るさまざまな段階において心理学の専門知識や方法論が活用された事例が紹介されている。三枝氏は元々高分子化学を専攻していたが、入社後、消費者調査の仕事に携わり、心理学の必要性を感じて学び始めたという。三枝氏は消費者の視点から商品開発に関与してきた経験に基づき、商品が消費者に提供する本質は、消費者の心にもたらす価値であり、人の心理や行動を扱う学問である心理学は、商品の開発プロ

セス全般に貢献することができると主張している。一方で、心理学の専門知識や方法論を活用して得られた消費者の視点をより効果的に商品に反映するためには、得られた視点をわかりやすく伝達する力や、それに基づき製品やサービスを産出する視点や素養が必要ではないかと提案している。本稿では商品開発プロセスの上流から下流にかけて心理学がどのように貢献しうるかが具体例と共に論じられており、商品開発において心理学が貢献できる領域の広さを垣間見ることができるだろう。

　株式会社資生堂の平尾直靖氏からは、化粧品カウンセリング時のコミュニケーションにおける接客員の態度、およびその評価における心理学の活用事例を紹介していただいている。製品を創出することに限らず、そこに込められた送り手側の意図や想いを効果的に伝達することも、製品を提供する上で大事な活動である。店頭での接客は、ネーミングやパッケージのデザインなどと同様、製品に対する受け手の印象形成に影響する要因の一つである。本稿では接客場面におけるコミュニケーションに臨床心理学の専門知識を応用し、新たに考案した接客態度を生理心理学の方法論を用いて評価している。この取り組みを通じて得られた知見は、接客業務に携わる担当者を対象とした研修に活用されたという。心理学が用いられた対象もさることながら、活用した心理学の領域も幅広く、実務上の問題解決への心理学の貢献についてさらなる可能性を感じさせる事例となっている。

　サントリーグローバルイノベーションセンター株式会社の松嵜直幸氏からは、飲料がもたらす心理的変化について生理応答の測定を行い、実際の飲料開発につながった心理学研究の事例を紹介いただいている。松嵜氏は、個人的な食行動や食体験の記述が実用面で有効であることを認めつつ、今後の商品開発に向けた心理学的な研究において、個人的な行動の背後にあるメカニズムを、脳の応答や生理学的なデータを用いて科学的に理解することの重要性について触れている。同時に、

こうした生理応答の計測には、計測に伴う課題を乗り越えるための工夫や関連する知見を深めていくことが重要であると主張している。本稿は、紹介されている事例はもちろんのこと、飲料を通じた価値の提供に向け、企業の研究部門において、人の特性について理解を深めていくことの意義や課題について言及した興味深い内容になっている。

　京都工芸繊維大学の西崎友規子氏の論考では、かつて西崎氏が勤務していた自動車会社において、ほとんどの人たちが心理学に対して偏った認識を持つ中、心理学を専門とする西崎氏が企業の製品開発において、どのようなことを考え、どのような取り組みをしてきたかが論じられており、運転における心理的な負担を解消・軽減させるための支援の方法を考案する上で心理学を活用した事例を紹介している。西崎氏は自動車会社における実務経験を踏まえ、人の視点に立った製品を生み出すため、エンジニアには人を軸にして、人とモノとの開発を考える視点を取得することを、心理学者には、産業界、エンジニアの視点から期待されるわかりやすく意義のある成果を示していくことが重要であると主張している。本稿では西崎氏の実務経験が具体的に論じられおり、特に心理学の専門性を活かした仕事への就職を希望している読者にとって貴重な参考情報になるであろう。

　最後の静岡大学の須藤智氏と筑波大学の原田悦子氏の論考では、大学の中での産学連携の場として、「みんなの使いやすさラボ（略称：みんラボ）」の活動が紹介されている。みんラボは、地域在住の高齢者、製品・サービスの開発に従事する企業や団体の開発者、そして使いやすさ研究に携わる研究者が「ユーザの視点から考える使いやすさ」を共に考える場として参画するコミュニティである。みんラボでは、製品・サービスの使いやすさを向上させるという目的の下、さまざまな製品やサービスを対象に、高齢者にとっての使いやすさを検証・評価する活動や、使いやすさの基本原理やそこでの加齢の影響を明らかにする研究を行っている。より使いやすい製品・サービスを創

郵 便 は が き

101-0051

恐縮ですが、
切手をお貼り
下さい。

（受取人）

東京都千代田区神田神保町三―九

幸保ビル

新曜社営業部 行

通 信 欄

通信用カード

■ このはがきを，小社への通信または小社刊行書の御注文に御利用下さい。このはがきを御利用になれば，より早く，より確実に御入手できると存じます。

■ お名前は早速，読者名簿に登録，折にふれて新刊のお知らせ・配本の御案内などをさしあげたいと存じます。

お読み下さった本の書名

通　信　欄

新規購入申込書　お買いつけの小売書店名を必ず御記入下さい。

(書名)		(定価) ¥	(部数)	部
(書名)		(定価) ¥	(部数)	部

(ふりがな) ご 氏 名	ご職業	(　　歳)

〒　　　　　　Tel.
ご 住 所

e-mail アドレス

ご指定書店名	取	この欄は書店又は当社で記入します。
書店の 住　所	次	

出するためには、それらが実際に利用される状況や環境において顕在化する問題と対峙する必要がある。こうした課題に対し、みんラボでは「製品・サービスの使いにくさの問題への感受性が高いとされる高齢者」、「発見された問題を踏まえ、製品・サービスをより使いやすいものへと改善する企業や団体の開発者」、そしてこうした「使う視点」と「作る視点」の間に立つ使いやすさ研究を専門とする心理学者らが参画する有機的なコミュニティを構築する。そこでは高齢者が単なるユーザ、テスターという立場ではなく、人工物の「使いやすさ」を向上させるという目標を三者間で共有しながら人工物の開発・評価過程にかかわる本質的な意味での「ユーザ参加型デザイン」を実践している。みんラボの活動は、使いやすい製品やサービスの創出を通じた産業や社会への貢献、より実践的な活動に基づく使いやすさ研究の発展につながる有機的なプラットフォームであり、そこで「生きて働く」心理学の姿を直接に見て考えることができる場と言えよう。

　それぞれの事例の内容はもちろんのこと、心理学の専門知識や方法論が、実社会のどのような課題に対して、どのように活用されているのか、またこうした場面で心理学の専門家がどのように課題を捉え、その課題に対してどのように取り組んだかという点についても注目していただければ幸いである。

インタビュー　心理学が活かせる
　　　　　　仕事とポジションの発明を

鹿志村 香（株式会社日立製作所）
インタビュアー：原田 悦子・小俣 貴宣

1　日立製作所デザイン部門における経歴

小俣：本日はご多忙のところ貴重なお時間をいただきまして誠にありがとうございます。まず初めに鹿志村さんのご略歴をご紹介いただけますでしょうか。

鹿志村：私は原田さんの後輩で、筑波大学大学院の心理学研究科に入学しました。原田さんはその後、日本アイ・ビー・エムの東京基礎研究所の認知工学グループに就職されたのですが、そこはその当時非常に新しい組織で、加藤隆さん（現・関西大学名誉教授）がリーダーを務めるなど、認知科学的な話が自由にできるメンバーで構成されていました。私も学生研究員として1年間在籍させていただき、企業でこんなことができるのだなって思いました。

　その後、私の指導教員である海保博之先生から日立製作所の企業研修のお話をいただき、それがきっかけとなり日立に入社することになりました。当時の所長、池田正彦さんが心理学や情報工学など、いろいろな分野の学生を採用してハイブリッドにした方が良いという考えの持ち主だったからです。私は黒須正明さん（インタビュー時・放送大学教授）がいらしたヒューマンインタフェースの改善や使いやすさを検討するグループに配属になりました。しかしそのグループが2年後の組織改編で解散となり、その後は、カーナビゲーションシステム

のユーザビリティの向上や、監視制御室の制御卓のデザインの仕事など、いろいろな仕事をしていました。デザイナーばかりの部署で、自分に何ができるかを見つけながら挑戦する毎日でした。

その後、当時の企画室長から会社の海外留学制度に推薦していただく機会に恵まれました。私はユーザビリティの勉強をしたいと思い、ジュディ・レイミィ先生という、70年代からテキサスインスツルメンツでマニュアルのユーザビリティに取り組んでおられた方が学部長をしていたワシントン大学（米国ワシントン州）に留学させてもらいました。留学したのは90年代の後半でしたが、アメリカではユーザビリティテスティングやインフォメーションデザインなどの講座がすでにあり、そうした講義を受講することができました。会社の中で見よう見まねで実践していたことが間違っていなかったなと確信をもって帰ってきました。

帰国後、大変ありがたいことに当時の所長が、ユーザビリティデザインという、私と部下2名、合計3名のグループを作ってくれました。当時の所長は、IT系の研究者でいろいろと海外の他社動向をリサーチされており、たとえばアメリカのIBMのウェブサイトにはEase of Useの情報が豊富にあったのですが、「こういうのをうちでも取り組むべきだ」という認識をもっていたようです。

幸運にもグループをもたせてもらったのですが、元々ユーザビリティに関する仕事があったわけではないので、参画できるプロジェクトがないという問題が起きました。そこでデザイン本部長に、「提案できそうな方が訪問された際には私にプレゼンテーションをさせてください」とお願いをし、同じプレゼンテーションを年間60回ぐらいやりました。その結果、実プロジェクトでユーザビリティ評価の仕事を少しずつ実施できるようになりました。

徐々に仕事を増やすことはできたのですが、正直私はその成果に満足できていませんでした。ユーザビリティの評価はある程度デザイン

などの仕様が決まった段階で実施します。仕様がほぼ固まっているため、評価結果を受けてこう変えてくださいと言っても難しいんですよね。そこで次のバージョンでという話になるのですが、どうしてもうやむやになってしまう。こういう仕事をしていても「事業貢献しました」、「私はこれをやりました」といったことが胸を張って言える感じがまったくしなかったので、このままこれだけを続けていてもあまり大きなことはできないなと思って、もう少し上流工程に行こうと考えました。

　小俣：上流工程に行こうとお考えになられたのはいつ頃のお話ですか？

　鹿志村：グループができたのが 2000 年で、翌年にはそう考えていました。そして何かないかなと思ってリクワイヤメント・エンジニアリングに関する国際学会のセミナーに参加しました。

　また、当時 ISO13407（インタラクティブシステムの人間中心設計プロセス）が始まって、開発プロセス認証の話がありました。もう一つ製品自体の認証もあったのですが、製品の認証をどうするかというと、リクワイヤメントを抽出して、そのリクワイヤメントにきちんと対応しているかどうかを認証するわけです。ある会社に依頼して製品認証のやり方を教えてもらったところ、インタビューを行い、こういう風にリクワイヤメントを取得し、それに対して対象となる製品がどの程度適合しているかを調べるということをお話されていました。こんなこともあり、この「リクワイヤメントを取得する」ということをすればいいのではないか、これは結構おもしろそうだな、と思ったんです。

　それとアメリカに留学していたときに、私の先生が編集された本（Wixon & Ramey, 1996）でカレン・ホルツブラットさんがコンテクスチャル・インクワイアリについてお書きになっていて（Holtzblatt & Beye, 1996）、観察してリクワイヤメントを抽出するというアプローチも知っていたので、それができないかなと思っていました。

そんな折、ある部門からユーザビリティ改善の仕事をいただいたのですが、かなり大きな仕事だったので観察をさせていただけないかと打診し、観察調査を実施しました。

　小俣：それはどのようなお仕事だったのでしょうか？

　鹿志村：エレベーターの保守員が使う携帯端末の仕事でした。エレベーターの保守って、事故があると保守員の命に関わるんですよ。そのため、作業指示等をしっかり見てもらわないといけないのと、どういう作業をどのぐらいの時間をかけて行ったかという実績登録をきちんとしてもらわないといけないのです。携帯端末が結構使いにくかったり反応が鈍かったりしていて、実績登録などの情報がきちんと入力されていないケースがあったので、もっと使いやすくしたいという要望がありました。

　観察調査をやることになり、部下にヘルメットをかぶらせ、作業着を着て観察調査に行ってもらいました。エレベーターの検査は、特定のエリアを自転車で回るんですよ。それに一緒にくっついて行ってビデオで撮影させてもらいながら、今何をやっているのか尋ね、保守員が何をどういう風にやっていて、その実績登録をどこでどんなタイミングでどんな風に実施しているのかを調べました。一日に5件も6件もいきますから、すごく忙しい調査でした。その後、収集したデータを分析し、こういうインタフェースにしたらどうだろうと提案し、デザイナーにそのプロトタイプを作ってもらいました。その後、ユーザビリティの評価まで行うなど、全体的にかなり大掛かりなものをやらせてもらいました。

　この仕事を通じて、観察調査でいろいろなことがわかると実感できたので、この仕事を事例に他の部門にプレゼンテーションをして、こういった潜在ニーズを明らかにする仕事をやりませんかと打診しました。その結果、だんだん仕事が増えてきて、システムインテグレーションの上流工程でユーザのリサーチをやったりしました。

日立には EX アプローチ（エクスペリエンス指向アプローチ）とい
う手法があるのですが、対象にもよりますけど、最初の段階でエスノ
グラフィをやることにしています。お客さまが業務システムを利用し
ている現場を見せていただいて、業務の阻害要因や使いにくいと思わ
れる点を拾い出します。業務システムを利用している人にとっては当
たり前になっていることでも、第三者が見ると明らかに非効率だとか
やりづらそうに見える点があり、それらを改善するような機能をつけ
ませんかと提案することをやっていました。
　その後、仕事の幅が拡がり、鉄道車両などの保守関係の仕事、プラ
ント、製造プロセスなどの仕事をし、人員も増えていきました。

2　デザインの仕事において心理学は
　　どのように役に立つのか

　小俣：鹿志村さんのお仕事において、心理学、あるいは心理学に関
連する知識が、どのような場面でどのように活かされてきたかご紹介
いただけますでしょうか。
　鹿志村：私は入社してからずっとデザイン部門に在籍してきました
ので、心理学の専門的観点から組織に貢献するというスタンスではな
く、どちらかと言えば、デザインをやっていて、その過程で心理学が
役に立っているという感じなんだと思います。私は大学院で心理学を
勉強してきたこともあり、心理学は私のスペシャリティだと思ってい
ます。それと私は人間の振る舞いや頭の中で何が起こっているのかを
考えることが好きなんです。それを仕事の中でも活かしたいと考えて
います。
　私が入社した頃、日立のものづくりに心理学的なものの考え方を加
えていくともっと良いものができるはずだと思っていました。多分そ

ういうことができる、そういうことをやろうとしている人が私以外にあまりいないなと思ったので、私がやってやろうと思ったというのはあります。ただ、その野望はすんなり実現できたわけではなく、最初は心理学っていうよりもユーザビリティの人という風に呼ばれ、その後エスノグラフィの人という風に呼ばれていました。ただ、心理学を学んだ人は、人の心理や行動の調べ方や人がどういう要因に影響を受けるかといった知識があるため、どのようにすれば心理や行動に関する良質なデータが取れるのかということはある程度わかります。アンケートの作り方や結果の読み方、インタビューの仕方など、勉強していない人と比較すると、質が全然違います。また実験心理学では統計学が必須ですから、統計の基本的なことを理解しています。どういう風に実験を組んでおけば、後で分析して意味のある結果が出せるか、というようなことも、予め考えられるわけです。そのような意味では、心理学は役に立つと思います。

　しかし、何かをデザインする際、心理学の研究法や方法論が役に立って良いデザインができるかというと、そう簡単にはいきません。画面のデザインを例にとると、この箇所が目立たないから別の箇所に注意が向いてしまった可能性がある、といった説明はできるのですが、その箇所を目立たせるために大きく表示すると今度は他の箇所が見えなくなって見落とされてしまうことが起こりえます。心理学の概念によって失敗したことの説明はできますが、予測は難しい。それ故、結局は試行錯誤になってしまいます。心理学や認知工学の本を読んで勉強すれば良いデザインができるかというと、多分それだけでは不十分で、こうするとこうなる、こういう風に変えてみせたらこうなったという経験をすることも大事だと思います。

　まとめますと、人の心理や行動に関する一般的な理論や法則性、そしてその調べ方を知っていること自体は、デザインする上で役に立つと思います。ただそうした知見が何にどう役に立つかは、状況にかな

り依存するので一概に役に立つとは言えません。

　小俣：行動観察などのリサーチをされた後、リサーチを担当した方が具体的なイメージまで作成されていたのでしょうか。

　鹿志村：情報構造や操作フローのデザインはやりますよ。私もやっていました。

　小俣：遷移図を描くということですか。

　鹿志村：そうそう、画面遷移図を描きます。この場面でこのタスクをしたら画面がこう変化するというのをユースケースに沿って画面遷移図を描くことは、本格的なグラフィックデザインを学んでいなくてもできます。リサーチだけで終わることはほとんどなくて、こういうデザインのコンセプトがあり、こういうデザインにしたらいかがでしょうというデザインの提案書と一緒に提示します。

　原田：鹿志村さんのグループは、その後の製品開発にどのぐらい関与されているのでしょうか。

　鹿志村：最初の操作フローとかを作ったりするところはやりますが、実際の画面デザインは、GUI（Graphical User Interface）のデザイナーが担当しています。その後、ユーザリサーチャーが最後まで関与する場合もあれば、途中で手離れする場合もあります。リサーチをした人は、最も製品が利用される現場をわかっている人ということになるので、お客さまの代弁者としてその後のデザインにも関与していきます。最近では、デザイナーも行動観察に連れて行きます。その後、調査はリサーチャーが主になってまとめ、デザインの段階になったらデザイナーが主にまとめることになります。そのときリサーチャーはデザイナーにすべて任せるのではなく、その横にくっついて操作フローのデザインをします。

　小俣：大企業だと「あなたはリサーチ、あなたはデザイン」といったように役割が分化しているケースが多いと思います。組織を管理する上で都合が良いのかもしれませんが、分化してしまうことによって

知識の共有がうまくいかなくなってしまいます。だからこそペルソナやカスタマージャーニーマップといった、製品開発における「共通言語」が必要になるわけですよね。

　鹿志村さんのお話を伺っていて、リサーチや分析にとどまらず、お客さまの代弁者としてデザインなどの提案プロセスにまで関与されているのが素晴らしいなと思いました。

　鹿志村：ものを作るところまで関わらないとつまらないでしょう？リサーチ結果をレポートにまとめて終わるのではなく、結果を踏まえて解決するためのアイデアを出さないと。

　私は入社以来ずっとデザイナーと仕事をしてきたわけですが、デザイナーはブレインストーミングをするとすごい数のアイデアを出すわけです。ブレインストーミングでは他人が考えたアイデアをあまり批判してはいけないと言われていますが、私たちの部門では、代案を出せるのであれば「それはちょっと違う」と言うのは許されるという、暗黙のルールがあります。逆に言えば、アイデアが出せない人は批判してはいけない。そういうルールだよと、実際そう言われたことはありませんが、皆そうしていました。そうしなければ雰囲気が壊れてしまうし、デザイナーとうまく仕事ができません。アイデアが出せるようになると、アイデアに対してデザイナーがそこにアイデアをかぶせるというアイデアのキャッチボールができます。そこにうまく入れるようになれば、デザイン部門で働ける人になれます。私は、リサーチをしている人たちにも、デザイナーと一緒になってアイデアを出すように指示していました。それをしないと、デザイン部門で楽しく仕事ができないと思います。

　原田：入社してからのトレーニングで、そういう風になっていける人たちもいるってことですよね？

　鹿志村：それはどれだけ自分がこういう人ですってこだわるかだと思います。たとえば「私はリサーチする人です」という風にこだわる

人は難しいと思います。

　私はアイデアを出すのは得意ではないですし、学校でそんな勉強も
していなかったのですが、デザイナーは学校でアイデアを出す訓練を
してきています。たとえば「10年後の家電を描け」と言われて、何
もなしに描けるわけです。そうした人たちの輪に一緒に入ってアイデ
アを出そうとしても、最初はろくなアイデアが出せないんですよ。そ
れでも、それをやるかどうかが大事なんです。

　「私はそういうのは無理」と決めつけてしまうと、デザイン部門で
はうまくいかないと思います。そういう人は、多分アイデア出しに呼
ばれなくなってしまいます。ですから私も率先して皆の前でアイデア
を出すようにしていました。もちろん、「あ、違ったね」みたいなア
イデアもありましたが、それはそれでいいよねっていう雰囲気を作る
よう心がけました。

　小俣：他人のアイデアを単に批判するのではなく、それを踏まえて
自分なりの代替案を提示するというのは、とても良いカルチャーだと
思いました。それは日立製作所の社風なのでしょうか？

　鹿志村：社風かどうかはわかりませんが、少なくともデザイン部門
では皆そうしていました。

3　企業で仕事をする上での心がけ

　小俣：心理学を学んだことを社会の中で活かそうと考える人にとっ
て、現在の大学における心理学教育の枠組みでは学ぶことができず、
企業に入ってから習得しなければいけないことがたくさんあるように
思います。大学で心理学を学んだ学生は、企業に入った後、どのよう
なことに留意して仕事に臨むべきでしょうか。

　鹿志村：入社した企業が何を提供している企業なのかがまずあると

思いますが、その中で、自分に何ができるかを一生懸命考えることが大事だと思います。

　マーケティングの部署に配属されたら、アンケートを作成しデータを集めて分析する際に学んだ知識がわりと直接的に活かせると思いますし、人事や教育に関する部門に配属されたら教育心理学の知識が役に立つのかもしれませんが、ほとんどの場合、大学で学んだ心理学の知識が、企業の中で直接役に立つ場面は少ないと思います。

　しかしそのような中で、自分が配属された部署で、自分が持っているスキルや知識を活かして一体何ができるか、そしてどうしたらその部署で自分のポジションを築けるかを考えることが大事なんだと思います。そのやり方は誰も教えてくれませんが、それと向き合わないと周囲に何が得意なのかが伝わらず、上司としてもその人の活かし方がわからなくなってしまいます。そうすると、おそらく与えられた仕事を次々やることになってしまい、結果として私は何のために働いているかと疑問をもつことにつながりかねない。自分の得意なことをうまく上司にわかってもらわないと、自分のしたい仕事をすることができません。そういう上司とのコミュニケーションを習得しないと自分のポジションを築くのは難しいと思います。

　会社の中で自分の得意な仕事を発明しないといけないんですよ。頼まれた仕事をそのままやるのだとすると、自分の得意分野を活かせないかもしれませんが、頼まれた仕事から少しはみ出したところには得意分野を活かせることってあると思うんです。その結果を認めてもらえれば次からそういう仕事が来たりするわけです。

　これは心理学に限った話ではなく、自分の能力を活かして仕事をしたいと思っていてもやり方がわからず苦しんでいる人はたくさんいるのではないかと思います。

　小俣：まったく同感です。さらに言えば、「自分ができること」がわからないまま、ただ与えられた仕事をこなし、そのまま受動的なス

タイルが定着してしまう人はたくさんいるように思います。

鹿志村：大学では心理学の理論や実験パラダイムなどたくさん勉強すると思います。けれども大学4年生までだと、自分で新しい実験パラダイムや研究のフレームワークを作るのは難しいのかな。もしかしたら卒業論文で取り組むのかもしれないけれど、先生に丁寧に指導していただいてやっと一つできるみたいな感じになるのでしょうか。これは自分の特徴や知識を活かしたフレームに、仕事や問題を適用することに似ていると思いますが、そのやり方を自由自在にできない状態で入社するわけですから、やはり難しいのかなと思います。

原田：大学の心理学研究でも、「こういうことを明らかにするためには」実験でどうやって必要なデータを取っていけばよいかを自分で考えます。少なくとも、私の研究室では、実験や調査をする人は、研究参加者にとっての「世界を作っていく」人であり、演出家兼俳優になったと思って取り組むように指導しています。状況や世界を作っていく、こういう文脈を作れば自分が見たいと思っている「人の反応」を観察することができる、と。ですから、心理学の中でも、「なぜこの論文でこういう実験をしたら、こんなデータがとれたのか」を1つずつ考えていけば、こうした「作り上げる」過程を学ぶチャンスはあると思うんです。それを大学教育の中で明示していない、あるいは目指していないことが問題なのかなと思います。

本書第1章でも紹介している「大学教育の分野別質保証のための教育課程編成上の参照基準：心理学分野」では、「心理学は科学的な人間理解の要である」と言っています。心理学の研究室には、基本的に人間とは何かというのをサイエンティフィックに捉えたいと思っている人が集まってくる。単純に心理学で過去に得られた知見とか方法論を個別に学ぶというだけでなく、それを使って人間理解のための質問紙なり実験場面を「作る」というプロセスを体験していけば、会社に入っても「人間ってこうですよね、だからこうした方が良いのでは

ないでしょうか」という提案ができるようになるのではと思うのです。ただ実際に心理学を学ぶ現場にいると、そうしたマインドを持っている人が全員ではないのも事実で、「モノを作るためにあなたは何の役に立つのか」という問いに対して何かを語れる訓練は、必ずしもできていないかもしれません。私自身はそこが歯がゆい感じもしています。

4 心理学を学んだ人材の強み

小俣：鹿志村さんの視点から、心理学を学んだ人の強みが仕事において発揮されているところを教えていただけますでしょうか。

鹿志村：心理学を勉強して来た人たちは、総じてインタビューが上手だと思います。インタビューばかり大学で勉強しているわけじゃないのだけれど、上手いですね。初めてインタビューする人でもそう思います。その理由は、どういう質問をすると人を誘導してしまうかということを、きちんと理解しているからだと思います。少し教えてあげれば、相手の反応を見ながら質問したり、聞き方を変えてみたり、ということがすぐできるようになります。

原田：心理学を学んでいない人のインタビューを見ていると、相手の人が言っていないにもかかわらず、言ったと自己予測し次に進んでしまうことがしばしばありますよね。「相手の人の口から直接言ってもらわないと駄目！」という「自分が理解したことと、実際のデータ」の切り離しができるようになるには、やはり心理学による特定の訓練が必要なのだなという気がしています。

鹿志村：原田さんがおっしゃったことは、ユーザビリティテストの実験者をやる際、如実に表れます。ユーザビリティテストにおいて、テスト参加者がタスクの最後の画面に到達しているのだけれど、テスト参加者自身がタスクを完了していることに気づいていないケースが

あるわけですよ。私など、ハーフミラーの裏にあるモニタールームに
いる側は「このテスト参加者はタスクが終わっているかどうかまだわ
かっていないな」と思って見ているのですが、実験初心者だとそこが
わからず、「はい、終わりましたね」みたいなことを言ってしまうこ
とがありますね。

　小俣：スキル以外のお話も伺いたいのですが、心理学を学んだ人の
マインドセットの特徴はありますか？　心理学を学んできた人たちは
独特な視点や考え方をするように思うのですが、それが企業活動の中
でどのように作用するか興味があります。

　鹿志村：心理学を勉強して来た人たちはインタビューが上手という
お話をしましたが、相手の言葉を文字どおり聞くのではなく、言葉の
背後にある概念を理解した上で、言葉の意味を解釈する能力が高いと
思います。会社の中の仕事は、1人でするよりも誰かと会って話をし
て仕事をすることがほとんどなので、そうした能力はプロジェクトを
円滑に進めるための原動力になると思います。これは心理学を学んだ
人たちの非常に大きなアドバンテージであり、ポテンシャルだと思い
ます。

　それから、心理学を勉強して来た人たちって、分析的なんですよ。
自然科学系の研究者と同様、ある現象を科学的に分析していきますよ
ね。もちろん、これは悪いことではありませんが、モノづくりって理
詰めだけで進めてしまうと結構失敗するんですよ。特にデザインは、
最後にジャンプしないといけませんからね。分析的な思考だけで進め
ようとすると、デザイナーとも会話が通じなくなりますから、それを
よく理解しておく必要があると思います。思考スタイルの異なるデザ
イナーとは「明確に役割分担していればよい」という立場もあるかも
しれませんが、役割分担だけをしてしまうととてもつまらないと思い
ます。

　原田：本当に「分析して、終わり」の人間になってしまいますもの

ね。

　鹿志村：そうそう。なので、分けてしまうのはあまり良くありません。

5　組織において心理学の価値を認めてもらうためには

　小俣：心理学を専門とする人材がデザイン部門で仕事をする際、職能的にリサーチや分析の仕事が多くなるように思います。ただ鹿志村さんがおっしゃったように、それだけをやっていてはやはり駄目で、リサーチに基づいてデザインにつなげていく活動をするとか、一緒にアイデアを出すとか、いわゆる心理学の領域からもう一歩外に踏み出すことをしないと、存在価値を認めてもらえないと思います。

　ただ私は心理学を学んだ人たちがデザイン部門で成功するためには、さらに踏み込んでいく必要があると感じています。一概には言えませんが、多くのデザイン部門ではプロセスよりも、やはり最終的なアウトプットそのものが高く評価されるように思います。そのような中、直接的にデザインやモノを生み出す教育を受けていない心理学人材がさらに前進するためには何が必要だと思われますか？

　鹿志村：これは、私の前任のデザイン本部長が、20年ほど前に言ってくれたことで、私自身にとって支えになった言葉なのですが、あるとき「私はデザインできませんから」と言ったら、「デザインコンセプトが立てられて、リファレンスを提示することができれば、絵が描けなくても立派にデザインしたことになるんだよ」と言ってくださったんです。デザインのリファレンスというのは、伝えたいことのアナロジーや近いものが表現された写真などのことで、たとえばエレベーターのデザインであれば、どこかの建築物の写真をリファレンスとして提示したりするわけです。言葉のセンスは必要ですが、コンセ

プトを作れるようになると主導的な立場をとれるようになり、今度は逆にデザイナーは「コンセプトを視覚化する人」になるわけです。

　小俣：その本部長だった方はデザイナーですか。

　鹿志村：そうです。

　小俣：素晴らしい方ですね。

　鹿志村：「それをやれば君はデザインしたことになる」とおっしゃっていただいたので、「私はこういうことができます」というのを示すため、ユーザリサーチを含まないようなプロジェクトでもコンセプトを作ることはしていました。

6　今後のデザインの課題と心理学のかかわり

　小俣：最後に今後の鹿志村さんにとっての課題と、そこでの心理学のかかわりについてお話しいただけますでしょうか。

　鹿志村：近年、製造業のサービス化ということが言われていまして、日本でもこれまで通りモノを作って売ることは継続していくのだけれど、それだけでなくて、もうちょっとサービス寄りにシフトしていくと言われています。

　人がいて、モノがあって、そしてデザインがある、というのは割とイメージしやすいのですが、サービスとなると、人と人、人とシステム、システムとシステム、といった具合に、ステークホルダー間の関係がかなり複雑になってきます。そのとき、そのサービスが利用者から一体どのように見えるのか、そして提供する側はそれに対して何をしていけばいいのかというような、モノと人だけの関係以上に複雑な相互作用を想定していく必要があると思います。

　さらに言えば、たとえばエネルギー・マネジメントを例にとると、夏の昼時には電気を節約してもらいたいわけです。それでピークカッ

トしてもらえれば発電所を新たに建てなくて済むわけですからね。このように個々の利用者に世の中にとって良いことをしてもらって、その結果、全体としてサステイナブルな社会の実現につなげたいわけです。

その際、使う人のエスクペリエンスに関する課題があって、本当はエアコンの温度を 26 度にしておきたいのに、28 度にしてくれるか、つまり暑くても我慢してくれるかっていうと、そう簡単でないですよね。エアコン側で勝手に 28 度に上げることもできるわけですが、それは住人にとって不愉快ですよね。そこで、どうすれば個々の利用者に社会全体にとって望ましい行動をとってもらい、正の循環につなげていけるかという話になってくるわけです。

小俣：行動経済学でいうリバタリアン・パターナリズムの考え方ですね。

鹿志村：最近、社会的に望ましい行動をみんながとるようするため、行動経済学などの理論的な話とデザインと心理学が融合していくことが必要なのではとぼんやり考えています。画面のデザインを例にとると、利用者への情報提示において、そこでの頼み方、モチベーションを向上させるためのインセンティブの見せ方、望ましい行動をとった後にいかに満足させるかなど、いろいろな課題が出てくると思います。

必要以上に資源を浪費するのではなく、人が資源をうまく分けあって生きていくサステイナブルな社会におけるサービスを考える上で、心理学の知見が活きる場所はたくさんあると思っています。これは心理学を学んだ人たちが活躍する良いチャンスだと思います。

それともう一つありまして、今、2045 年問題とかシンギュラリティが話題になっていますよね。今後、システムがますます賢くなっていくなかで、人とシステムの関係性をどうデザインしていくかが課題になると思います。未来のシステムは、利用者が知りえない情報やわからないことを瞬時に探してきて提示するわけですよね。システム

の方が賢かったら不愉快じゃないですか。そうなったときに人間が人間としての尊厳を保って楽しく仕事をするということはどういうことなのだろうと考えていて、そこで心理学が果たす役割は大きいのではと思っています。

　原田・小俣：本日はご多忙のところ大変貴重なお話をお聞かせいただきありがとうございました。

　（このインタビューは 2015 年 9 月 17 日に東京ステーションホテルにて行われました。）

【参考文献】

Holtzblatt, K., & Beye, H. (1966) Contextual design: Principles and practice. In Wixon, D. & Ramey, J. (Eds.) (1996) *Field Methods Casebook for Software Design* (pp.301-333). New York: Wiley.

Wixon, D., & Ramey, J. (Eds.) (1996) *Field Methods Casebook for Software Design*. New York: Wiley.

通信システムの設計における活用事例

新井田 統（株式会社 KDDI 総合研究所）

1 はじめに

移動通信サービスが広く生活環境に普及するにつれて、ユーザは繋がりやすさや通信速度などの通信ネットワークの品質を強く意識するようになった。通信事業者が提供するサービスの品質の中で、通信ネットワークの品質は重要な要因となっている。そこで筆者は通信ネットワークの設計にユーザの視点を考慮する取り組みとして、ユーザにとって通信ネットワークの品質を示す一つの指標となっている、通信サービス利用時に発生する待ち時間に対する満足感の定量化の研究を行ってきた。研究に着手した 2006 年は、現在ではフィーチャーフォンと呼ばれる高機能な携帯電話端末を利用した通信サービスの全盛期であり、新たな携帯電話利用者が増加してサービスの種類が増える中で、通信ネットワークの品質基準値の定期的な見直しが必要とされていた。このため、ユーザの視点から見た品質の定量化手法についての研究が求められた。本稿では、本研究における心理学的知見の適用について述べる。

2 通信工学分野における満足度評価

通信サービスの品質に対しては、通信工学分野において研究が長らく行われてきた。それらの研究では、品質を主観的な指標で定量化す

る手法が研究され、実際に測定した値が通信サービスやそれを支える通信ネットワークの品質基準値として利用されてきた。評価の基本的な手法は、統制された実験環境で提示された音声や映像コンテンツを刺激として、実験参加者が5段階で主観的に評価した満足度などの評定値を平均してMOS（Mean Opinion Score）を算出するというものである。評価手順の厳密化を目的とした研究が活発に行われ、国際機関であるITU（International Telecommunication Union）においてさまざまな通信サービスに対する測定手法が標準化された。これらの手法は世界中の国や機関において通信サービスの品質維持に使用されている。

2000年代以降になると、品質の状況依存性が課題として挙げられるようになり、QoE（Quality of Experience：体感品質）をキーワードとした研究が活発になった（阿部, 2008）。ITUにおけるQoEの定義（ITU-T, 2007）は、ユーザが主観的に感じる受容性であるとされており、そこにユーザが持つ期待やユーザの置かれている状況の影響を考慮する必要があるとされている。筆者もこの枠組みを利用し、ユーザを取り巻く環境や心理状態を考慮した主観品質の定量化について検討を進めた。

3　QoE測定に対する心理学的アプローチ

通信工学分野における通信サービス品質の評価では、実験条件を統制するために実験室環境で行うことが前提とされていた。しかし、QoEの定義に基づき、ユーザの利用環境や心理状態を考慮して品質を評価するには、心理学実験において議論される生態学的妥当性（Neisser, 1976）という観点が必要である。生態学的妥当性とは、実験によって得られたデータや知見を、日常生活環境下における人々の活動に一般化できる程度を示す概念であり、心理実験を通じて得られた

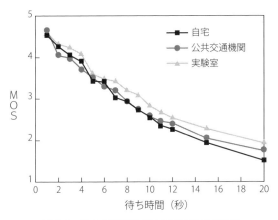

図 4–1　3 つの環境における評価実験の結果

結果をサービス設計に応用する際に欠かせない視点である。そこで筆者らは、携帯電話上で動作する評価プログラムをユーザの端末にインストールして、ユーザが普段携帯電話を利用している環境で実験が可能なシステムを構築した（Uemura et al., 2011）。本システムを用いて自宅、公共交通機関、実験室と異なる 3 つの環境において、携帯電話でウェブサイトのページを移動する際にかかる待ち時間の長さに対して、満足度を 5 件法のリッカート尺度で評定する実験を行ったところ、図 4–1 に示すとおり、実験を実施した場所によって異なる反応が得られ、実環境での評価の重要性が示された。本システムを用いてさまざまなアプリケーションに対する評価実験を行い（Niida et al., 2010）、それらの結果を用いて通信サービスの品質基準値を設定し、実サービスでの通信ネットワークの設計に適用した。

　次に、待ち時間に対する不満を低減する方法についての検討を行った。電子メールの送信時間に対する不満がユーザより多く寄せられており、この問題の解決に向けて待ち時間中にその進捗状況を示すプログレスバーを提示する案が検討されていた。そこで、評価実験により

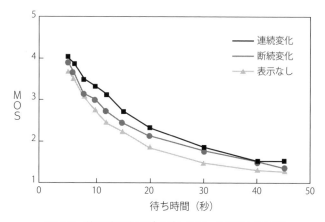

図4-2　待ち時間中のプログレスバーの有無と満足度

その効果を検証することとした。

　ここで筆者は、その効果をより高めるために「心理的時間」に着目した実験計画を設計した。心理的時間は時計で計測される絶対時間とは異なる、人が感じる時間であり、長らく心理学の研究対象とされている（松田他, 1996）。心理的時間の長さに影響を与える認知過程についての研究も行われており、過去の心理的時間の研究成果に基づけば、運動刺激を見ているときは、静止刺激を見ているときと比較して時間を長く知覚することや、一定間隔で刺激を受けている際に、時間を短く知覚することが知られていた。このため、待ち時間中に提示するプログレスバーを、作業完了までの進行状況を1％単位で示す連続変化条件と、25％単位で示す断続変化条件の2つの条件に、当時の端末で使用されていた回転する砂時計を表示する統制条件を加え、それらの条件の効果を比較することで、より効果的な表示方法を調べることにした。

　図4-2に、待ち時間中にその進捗状況を示すプログレスバーの有無を要因とした実験結果を示す。本結果により、プログレスバーの表示

により満足度の得点が上昇すること、また連続変化条件が断続変化条件よりも高い満足度を示すことが明らかとなった。これにより、電子メール送信時にプログレスバーを表示することの効果が検証され、電子メール送信時に連続変化のプログレスバーを表示する機能が搭載されることとなった。

4　新たな研究への展開

　本評価実験においては、図4-2に示す満足度の主観評価に加えて、5秒と10秒の待ち時間における心理的時間の長さを言語による主観的な報告により求めた。実験参加者からの回答の平均値を表4-1に示す。ここに示されているとおり、待ち時間に対する満足度が高かった連続変化のプログレスバーに対する心理的時間の長さは、必ずしも短いわけではないことが明らかとなった。ここで、動きの多い連続変化のプログレスバーにおいて時間が長く感じられることは、過去の研究成果と一致している。このことから、待ち時間に対する満足度に影響を与える主たる要因が心理的時間の長短であるという仮説は否定され、心理的時間の長短以外の要因が強く影響を及ぼしていると考えられる。

　こうした評価を通じて、筆者は待ち時間に対して満足や不満を感じる認知過程のモデル化をテーマとする研究に着手した。ここで筆者が着目をしたのが、認知的人工物（cognitive artifact）という概念である。D. A. ノーマンは、認知的人工物を以下のように定義した（Norman,

表4-1　プログレスバーの提示方法と待ち時間の心理的時間長

	連続変化	段階変化	表示無し
5秒提示	5.68 秒	4.91 秒	5.15 秒
10秒提示	9.47 秒	8.81 秒	9.82 秒

1991)。

> 表現機能を目的とし、情報の保持、表示、および操作を可能にすることを目的としてデザインされた人工の道具

　通信ネットワークを認知的人工物として捉えることで、待ち時間は通信ネットワークの状態を把握するための情報として位置づけられ、通信サービスの利用行為において、ユーザは通信ネットワークとの間で相互作用を行っているという見方が可能になる。すなわち、待ち時間が長いと感じられたことによって「つながりづらい」とユーザが認識した際、別の行為に注意をそらしたり、別のサービスを利用するなど、自身の行動の調整を行うことで、不満を低減させていると考えられる。こうした視点から待ち時間中の認知プロセスを分析すると、満足感は単に待ち時間の長短を評価しているだけでなく、ユーザが通信ネットワークとの相互作用の中で自分の行動を適切に制御できているかを評価していると考えられる。つまり、待ち時間に対する満足感の評価は、いわば通信ネットワークの使いやすさの評価と言えるだろう。こうした観点から、筆者は心理的時間の長さを短くする方法とは異なるアプローチで、使いやすい通信ネットワークの制御手法について検討を進めている。

5　サービスの設計・開発における心理学に対する期待

　本章では、筆者がこれまでに行ってきた、通信ネットワークの設計にユーザの視点を考慮する事例を紹介した。通信サービス利用者の主観品質を定量化する研究として近年注目を集める QoE 研究という工学分野でのアプローチに、心理学の研究で得られた知見である心理的

時間や認知的人工物という概念を導入することで、商用ネットワークの設計に寄与する成果を上げるだけでなく、新たな研究に展開することができた。最後に、本稿で述べた活動を通じてサービスの設計や開発に心理学の知見を活かす上で重要だと筆者が考えることを挙げ、心理学教育に対する期待を述べる。

　通信サービスの設計や開発において心理学の知見が活用できる領域は多岐にわたり、それぞれの領域で必要になると考えられる心理学的知識や調査、評価の手法を、1人ですべて習得することは困難である。このため、1つの手法については実行できる技能を持ちながら、複数の手法について基本的な知識を持ち、さらにそれらの位置づけを理解しておくことが重要である。たとえばサービスの開発プロジェクトにおいては、ニーズの把握、受容性調査、ユーザビリティ評価などさまざまなステージで心理学的な手法が必要とされる。それらを実行するには、プロジェクトにかけるコストや期間などに応じて数ある手法の中から適切なものを選択して実行することが必要となるため、各々の手法の意味や違いを理解している必要がある。筆者自身も、本節で説明をした心理実験によるユーザの主観品質の定量化以外に、質問紙法や面接法、観察法など、状況に応じてさまざまな手法を用いてユーザの心理や行動を理解する活動を企画立案から実行まで行っている。

　こうした人材を育成するためには、大学などにおいて浅くとも広い知識をしっかりと学べる学習カリキュラムが用意されることが望ましいと考える。手法については、特定の領域における発展の歴史や領域内での位置づけだけでなく、データ収集・分析・可視化といったより細かなプロセスの観点から、他の手法と比較し、その特徴を良く理解する必要がある。比較に際しては、人間中心設計やデザイン思考などのサービス開発の基本的なプロセスの中に各手法を位置づけ、俯瞰的に見る方法が有用である。このようにして基礎的な知識を学んでおけば、サービスの企画や開発の仕事を通じて、そのメリット、デメリッ

ト、組み合わせ方法の事例などについて継続的に学ぶことで、心理学のバックグラウンドを活かした人材が育成されることが期待できる。また、学生のうちに異なる専門性を持つメンバーと共同で一つの目標に向かって取り組む実践を経験しておくことも望ましい。

　現在日本国内では通信事業に限らずさまざまなサービスや製品の市場が成熟してきており、ユーザ中心の視点が必要とされるようになってきた。ノーマンは人間中心の製品開発の三本柱として「テクノロジー」「マーケティング」「ユーザ経験」の3つを挙げ、市場が成熟するにつれてテクノロジーからマーケティングやユーザ経験へと重視するポイントが移行するとしており（Norman, 2009）、ユーザの特徴を把握する技術の適用範囲はますます広がっていくだろう。心理学は人の心理や行動の特徴を明らかにする学問であり、成熟市場においてその知見の重要性が今後増していくと予想されることから、心理学のさらなる発展を期待したい。

【参考文献】

阿部威郎・石橋豊・吉野秀明 (2008)「次世代のサービス品質技術動向」『電子情報通信学会誌』vol.91, no.2, pp.82-86.

ITU-T (2007) Appendix I to P.10/G.100: Denition of QoE.

松田文子・甲村和三・山崎勝之・調枝孝治・神宮英夫・平伸二（編）(1996)『心理的時間：その広くて深いなぞ』北大路書房.

Neisser, U. (1976) *Cognition and Reality: Principles and implication of cognitive psychology.* San Francisco: WH Freeman.〔古崎敬・村瀬旻（訳）(1978)『認知の構図：人間は現実をどのようにとらえるか』サイエンス社.〕

Niida, S., Uemura, S., & Nakamura, H. (2010) Mobile services: User tolerance for waiting time. *IEEE Vehicular Technology Magazine*, vol.5, no.3, pp.61-67.

Norman, D. A. (1991) Cognitive Artifacts, In J. M. Carroll (Ed.), *Designing Interaction: Psychology at the human-computer interface* (pp.17-38). New York: Cambridge University Press.〔野島久雄（訳）「認知的な人工物」安西祐一郎ほか（編）『認知科学ハンドブック』

(pp.52-64) 共立出版.〕

Norman, D. A. (1999) *The Invisible Computer: Why good products can fail, the personal computer is so complex, and information appliances are the solution*. Cambridge: The MIT Press. 〔岡本明・安村通晃・伊賀聡一郎（訳）(2009)『インビジブルコンピュータ：PC から情報アプライアンスへ』新曜社.〕

Uemura, S., Niida, S., & Nakamura, H. (2011) A web script-based field evaluation method to assess subjective quality of mobile services. *IEICE Trans. Commun.*, E94-B(3), pp.639-648.

創造する心理学 —— ヘアケア商品開発の事例から探る 心理学応用の可能性

三枝 千尋（花王株式会社）

1 はじめに

　商品開発という言葉から何を連想するだろうか。たとえば化粧品の商品開発であれば、スキンケア化粧品を構成する有効成分、製剤、容器の開発など、商品を構成するマテリアルを開発するというイメージが強いのではないかと思う。実際、筆者自身も、商品開発の一端を担うまでは商品開発とはモノの開発であり、そのために行う技術開発であるという印象を持っていた。

　しかし商品開発に携わったことのある人であれば、この図式に対して違和感を覚えるだろう。商品の価値はモノの物質的な価値のみによって定義されるのではなく、商品がユーザの心にもたらす感性的な価値に大きく左右される。つまり商品をデザインするということは、ユーザが何を求めて商品を手にとるのか、何が達成されると価値がもたらされたと感じられるのかといった、ユーザが価値を獲得するプロセスをデザインするということにほかならない。

　消費者理解という観点から商品開発にかかわってきた経験から、筆者は、人を扱う学問である心理学はこうした商品開発のすべてのプロセスに対して貢献することができると考えている。そこで本稿では、実際のヘアケア商品の開発事例をとおして、商品開発のプロセスにおいて心理学がどのように貢献できるのか、その可能性を探る。

2 価値の発掘 — エイジングによる髪悩みの変化

　10 〜 50 代の日本人女性 1500 人を対象とした髪の悩みに関するアンケート調査を実施した結果、年齢が上昇するとともに「白髪」や「ハリ・コシ・ボリュームがない」等の悩みに次いで、髪に「ツヤがない」という悩みを感じる人が増加することがわかった（Spring-8 News, 2007）。また、40 代の女性消費者に協力していただいたデプスインタビューにおいても、髪のツヤの低下を気にして、ひと手間かけたケアをするなどの方法で対処している実態が窺えた。

　一方で、客観的に見ても加齢により髪のツヤがなくなると感じられるのかを調べるため、10 〜 70 歳の日本人女性 230 名をモデルとして後ろ姿の写真を撮影し、頭髪部分について研究所員によるツヤ強度の主観評価を実施したところ、モデルの年代が上がるにつれてツヤ評価が高い人の割合が減少し、ツヤがないと判断される人の割合が上昇していた（Nagase et al., 2009）。

　また、同じ 230 名の後頭写真をモデルの年代ごとに分け、年代ごとに研究所員がツヤによる順位づけを行い、ツヤ評価が高めの人（上位から約 30％にあたる順位）、平均的な人（中央）、低めの人（下位から約 30％にあたる順位）の写真を各年代から抽出した。抽出した合計 33 枚の後頭写真について、モデルとは異なる評価者 13 名に、ツヤの強さ、および推定年齢を評価させたところ、ツヤの強さと後頭写真から推定される年齢には負の相関（$r = -0.70, p < .001$）があり、髪のツヤが低いほど年齢が高く見えているという結果が得られた。

　つまり、加齢と髪のツヤの関係として、① 消費者本人が加齢によるツヤの低下を実感しており、それを改善したいと感じていること、② 加齢により髪のツヤが低下する傾向にあること、③ 髪のツヤ低下

は見た目年齢にも影響を及ぼすこと、が調査結果からわかり、エイジングヘアケアブランドが提供すべき価値の一つとして髪のツヤの改善が導出された。

この「価値の発掘」を行うプロセスは心理学の諸分野に関わる研究テーマを含むものであり、また、定性インタビュー、定量的な質問紙調査、視覚刺激を用いた印象評価など、種々の心理学的手法を取り入れて進められている。

3　価値の実現 —— 現象理解と実現技術の開発

消費者の求めているものが理解できたところで、次に必要なのがそれを実現する技術である。上述のヘアケアブランドの事例では、加齢に伴い低下したツヤを上げ、若々しい髪を実現するための技術開発が求められる。加齢に伴い髪はどのように変化するのだろうか。230 名のモデルの髪質調査からは、加齢とともに髪が細くなり、単位面積当たりの毛髪本数が低下すると同時に、まっすぐな毛髪の割合が減少し、カール半径の小さい強いうねりを持つ毛髪の割合が増加することが見出された（長瀬, 2008）。また同じ調査において、強いうねりを持つ毛髪内部においては蛋白質繊維の配列構造が異なるコルテックス細胞の分布に偏りが生じていることがわかり、これを改善する効果をもつ成分を含むヘアケア製剤が開発されることとなった（長瀬, 2008; Nagase et al., 2007）。

このように、何が問題の原因か、消費者が求めるのはどのような状態かを明らかにすることで、より効果的な技術の開発が可能となる。このプロセスでは、価値のような心理的な概念を物理的な状態に置き換える作業が必要となる。たとえば心理物理学（psychophisics：精神物理学ともいう）は物理量の変化に対して人の知覚や認知がどのよう

に変化するのかを扱う学問分野であり、物理量をどの程度変化させれば効果を実感できるか検証することが可能である。技術開発に対しても、目標とすべき物理的な変化量の設定や、商品の性能評価など、心理学が貢献できる範囲は広いと考えられる。

4 価値の伝達 —— 適切な届け方

　解決すべき問題を発掘し、それに対する技術を準備するだけでは商品開発は終わらない。価値を消費者に適切に届けるための方法を検討する必要がある。

　同じ技術を用いた商品であっても、性能をどう訴求するか、価値をどのように説明するかによって、商品に対する印象はまったく異なる。また種々ある商品の中で興味を持ってもらうためには、その商品が求める価値を提供してくれるものであるかがわかりやすいことも大切である。情報の提示方法によって内容理解がどう異なるのか、また情報に基づいた選択行動がどのように変化するのかという点も、商品開発において心理学を活用する上で重要な視点であろう。

　また、開発した商品が適切に効果を発揮できるかどうかは、消費者がどのように使うか、つまり消費者自身の行動によっても決まる。そのため、消費財を開発する多くの企業では、消費者がどのように商品を使用しているか、その使用実態を定性的・定量的に調査している。ヘアケア商品だけをとっても、使用する回数、時間帯、量、洗い方やすすぎ方など、使い方は人によってさまざまである。消費者の商品使用に関する行動特性を理解し、価値が確実に提供されるように使い方を導く商品を設計すること（Norman, 2013）や、人の認知・行動特性に基づいた使い方を提案することも、商品開発プロセスにおける重要な活動の一つである。

5　心理学の魅力

　商品開発に対して心理学が貢献できる可能性について述べてきたが、紹介したヘアケアブランドの開発に関わったとき、筆者にとって心理学はあまり親しみのある学問ではなかった。修士課程で高分子化学を専攻し、企業で消費者理解の視点から商品開発に関わるようになってから、心理学の必要性を感じて学び始めた。本稿で紹介した商品開発事例は、筆者が入社後初めに関わった仕事であり、後に心理学を学び始めるきっかけを与えてくれたものである。

　人の理解と技術の開発は、商品開発の大きな柱である。デプスインタビューによるニーズの発掘、使用状況調査・質問紙調査による商品性能評価など、消費者を理解することができなければ、消費者が使いたいと思う商品を作ることはできない。しかし、これらの調査結果を適切に分析し、商品開発に活用できる形にするのは簡単ではない。たとえば、デプスインタビューや質問紙調査の結果を分析して開発に応用しようとする場合、各質問項目をばらばらに解釈するのでは考慮すべき項目が膨大であり、何を優先すべきなのかがわからなくなってしまう。心理学の知識や手法を用いれば、項目を構造化して次元数を減らしたり、人の認知特性に基づいた優先順位づけを行ったりすることが可能となる。

　また、デプスインタビューを行っていると、同じ言葉で表現される状態であっても、人によって異なる概念について言及しているように感じることがある。このような場合にも、同じ概念を共有する人に共通する属性が明らかになれば、価値を共有する同一の集団として捉えることが可能となる。人に関わるさまざまな現象を理解するための構造を得ることができ、現象のメカニズムに関する理解を深め、また新

たな仮説を発見することが可能となるところが、心理学の魅力の一つ
だと考えている。

6　心理学を創造に結びつけるために

　ここまで、企業における商品の開発視点から心理学の産業応用可能
性について述べてきた。一方で、筆者自身の経験から商品開発におい
て心理学を応用する際の壁も感じている。心理学はともすると分析の
視点に寄りがちであり、モノやサービスを作り出すことが難しいとい
うことである。もちろん、人の知覚や認知、情動を調査し、普遍的な
法則を追求することには学問的な意義がある。しかし、分析すること
により得られた知見を新たな価値の創造に結びつけるためには、現象
を分析するだけではなく、分析した結果から新たなモノやサービスを
デザインする工学的な視点や、デザイナーとしての素養が必要になる
のではないだろうか。
　モノやサービスの開発をすべて自分でやるということではなく、そ
れぞれを得意とするメンバーとチームを組んで協働することになる。
このとき、心理学者は分析だけを、デザイナーは設計だけを、処方開
発者は製剤だけをするというような専門のみを請け負う役割分担では、
各部分のつながりが失われ、全体として良いモノやサービスをつくる
ことはできないのではないかと考えている。
　協働作業を円滑にし、チームの力を相乗的に作用させるには、チー
ムを構成する各メンバーがそれぞれの専門性を理解し、尊重した上で、
新たな価値を開発する必要がある。そのためには、専門分野以外に対
するある程度の素養を持ち、また自身の専門分野については担当した
部分の成果を他分野の人にもわかりやすいように伝え、さらに発展さ
せていく力が必要なのではないかと感じている。

商品開発に関わった経験をもとに心理学の産業応用に対する可能性と課題について述べてきたが、筆者自身も未だ心理学を効果的に活用して商品開発に貢献しているとは言いがたく、日々の研究の積み重ねをとおしてその可能性を探っている段階である。心理学を基盤としつつもその範囲に捉われず、柔軟に知識とスキルを広げることで、価値の創造を実現していければと思う。

【参考文献】

長瀬忍 (2008)「毛髪の構造と特性：最近の研究成果から」『日本香粧品学会誌』32(3), 214-220.

Nagase, S., Mamada, A., Kajiura, Y., Ezawa, Y., Abe, H., Satoh, N., & Itou, T. (2007) Aging of hair III: The anti-aging efficacy of Eucalyptus extract. Abstract of the 5th International Congress of Hair Research, 109, p.228.

Nagase, S., Kajiura, Y., Mamada, A., Abe, H., Shibuichi, S., Satoh, N., Itou, T., Shinohara, Y., & Amemiya, Y. (2009) Changes in structure and geometric properties of human hair by aging. *Journal of Cosmetics Science, 60*, 637-648.

Norman, D. A. (2013) *The Design of Everyday Things*. New York: Basic Books.〔岡本明・安村通晃・伊賀聡一郎・野島久雄（訳）(2015)『誰のためのデザイン？：認知科学者のデザイン原論　増補・改訂版』新曜社.〕

Spring-8 News (2007) 研究成果・トピックス「ツヤがある髪の毛の秘密」No.34, 2-4.

化粧品カウンセリングにおける接客教育に向けた臨床心理学・生理心理学の適用

平尾 直靖（株式会社資生堂）

1　はじめに —— 商品・サービスの情緒価値と心理学への期待

　消費者が化粧品を購入する際の選択は、肌の潤いを保つなどの製品の機能的な側面のみではなく、触れごこちや香りなどの情緒的な側面にも依存する。従来から、このような製品の中味の使用感を、論理的・客観的・実証的に扱うために、心理学に対する期待がもたれ、研究が重ねられてきた（平尾, 2010）。

　情緒的な価値は、必ずしも製品そのものを使用する過程のみにおいて与えられるものではない。化粧品店における店員の接客もまた、顧客の満足・不満足に大きく影響し、商品やブランドイメージを左右する。しかし、接客を科学的に分析し、その良し悪しを客観的に評価することは難しい。このことは、店頭空間で顧客に満足感を与えるサービスを、安定的に提供したい企業にとっては大きな課題の1つである。

　接客時の所作を科学的に扱う研究の試みはいくつかある。生理心理学的な手法を用いた研究としては、化粧品の手渡しの動作の違いが、主観的な評価の差を生じ、同時に脳の特定部位の活動度合いにも差異が観察されたことが報告されている（Tagai et al., 2013）。また、定量的な視線計測技術を用いた研究として、良い整容と、姿勢を崩した悪い整容の接客担当者の画像を見たときの視線変動に差があったとする報告も示されている（互・高田, 2013）。この研究では、コミュニケーションにおける非言語情報が受け手に与える印象を明らかにし、コ

ミュニケーションをより円滑にするための知見を得ることで、顧客満足度を高める店頭サービスに活用できるとしている。

『新版心理学事典』（平凡社, 1981）によると、臨床心理学は個人の人格ないし適応上の困難を救う心理学の一領域である。心理カウンセリングのプロセスの中で、積極的傾聴、共感的理解はカウンセラーがとるべき重要な態度と考えられている。心理カウンセリングと、化粧品の接客とではコミュニケーションの目的は異なるものの、「傾聴」および「同調・共感」は顧客との意思疎通を必要とする接客時にも重要視されるべきスキルとして、店頭活動教育の中でも紹介されてきた。

本節では、化粧品カウンセリング時のビューティーコンサルタントと顧客とのコミュニケーションにおける、この「傾聴」「同調・共感」の重要性に関する研究を紹介する。

2 接客スキルの生理心理学的な手法を用いた実験的検討

2-1 【事例 1】接客時の傾聴的態度が顧客に与える影響

好ましい傾聴的態度を心がけて応対を行った接客場面を模したVTRと、そうでない接客場面のVTRとを作成し、VTRを視聴している実験参加者の交感神経活動を比較する実験を行った（岡部他, 2014）。交感神経活動は緊張や覚醒といった心理的な状態を反映する。

実験参加者は、25-52歳の健常な一般者女性21名だった。実験参加者は、左手の人差し指・中指の各1か所に、皮膚コンダクタンス水準（skin conductance level: SCL）の測定用の生体用電極を貼付された状態で、32インチのディスプレイモニターの前に設置された椅子に腰かけ、3種類のVTRを視聴した。それぞれの視聴時間は、約140秒

だった。

　3種のVTRは、それぞれが、「非傾聴的態度による応対（条件A）」「消極的な傾聴的態度による応対（条件B）」「積極的な傾聴的態度による応対（条件C）」だった。

　それぞれの映像では、店員役の女性が、座位で接客を行っていた。映像にはこの女性のみが、音声は店員役・顧客役の両者の声が記録されていた。対面時の挨拶から始まり、顧客役が来店理由や、肌の悩みを伝える内容だった。会話の内容とタイミングは、3条件ともほぼ同じであり、傾聴的な態度の所作のみが条件ごとに変えられていた。

　条件AのVTRには、非傾聴的態度を表現するため、接客中に「視線がそれる」「姿勢が崩れる」「自分の髪をいじる」といった否定的な所作で接客する映像場面を含んだ。条件Bでは、条件Aのネガティブな所作は含まれていなかった。条件Cでは、条件Bと同様に条件Aの否定的な所作は含まれておらず、かつ「名前で呼びかける」「時間の都合を聞いて相手を気遣う」という所作を加えることで、より積極的に、顧客への関心を示す応対を表現した。

　実験参加者は、それぞれのVTRの視聴し、その後、映像で示された接客の態度の印象についての質問紙に回答した。

　VTR中で接客している店員に対する信頼度の印象、自らが接客を受けていると考えた際の満足度について、5件法（信頼度：全く信頼できない（1）〜非常に信頼できる（5）；満足度：全く満足できない（1）〜非常に満足できる（5））での評点を比較したところ、いずれの項目でも、条件C、条件B、条件Aの順に平均値は高く、1要因3水準の分散分析の結果、統計的にも有意な条件の効果が認められた（信頼度：$F(2, 40) = 40.91$, $p < .01$（多重比較（LSD検定）：C＜B；C＜A）；満足度：$F(2, 40) = 32.54$, $p < .01$（多重比較（LSD検定）：C＜B；C＜A；B＜C））（表4-2）。

　SCLは、VTR視聴中、時間経過に伴って減少する傾向にあった。

表 4–2　条件ごとの信頼度・満足感の平均評定値

「（VTR中の店員の）信頼感」「（自らが顧客だったことを想像した場合の）満足感」を、5件法にて主観評価を行い、実験参加者全員の平均値（括弧内は標準偏差）を算出した（一般女性21名）。

条件		信頼感	満足感
条件 A	非傾聴的態度による応対	1.24 (0.44)	1.14 (0.36)
条件 B	消極的な傾聴的態度による応対	3.19 (0.87)	2.71 (1.15)
条件 C	積極的な傾聴的態度による応対	3.52 (1.17)	3.48 (1.03)

否定的な所作は含まれないものの、応対時の積極性の印象の異なる、条件 B と条件 C の間で、視聴中の SCL の平均値を比較した結果、実験参加者 21 名中 16 名が「積極的な傾聴的態度による応対（条件 C)」視聴時により高い水準を示した（χ二乗検定：$\chi^2 = 5.76, df = 1, \mathrm{p} < .05$)。

　この SCL の分析結果は、接客に従事する上で、留意すべき重要な点を示唆している。否定的な所作を含む接客時の態度が好ましくないことは自明である。しかし、一方で、否定的な所作を避けるよう気遣うあまり、顧客とのコミュニケーションが消極的になると、十分な興味や関心を惹くことができず、顧客との間に密接な信頼関係を築くことが難しくなる。

　本試験の結果では、条件 B よりも条件 C の方が、信頼度・満足度の主観評価が高かったのみでなく、積極的な傾聴的態度の実践により、VTR を視聴している実験参加者の交感神経系の活動が、相対的に高い水準に保たれた。傾聴という言葉は時として受動的に耳を傾ける所作を示すという印象が生じがちだが、本来、心理カウンセリングにおける「傾聴」は、対面する相手に対して興味・関心を示し、時に積極的に働きかけることで、相手への理解を深めるスキルである。接客時に顧客が退屈し、ショッピングを楽しむ気持ち萎えさせないため

にも、積極的な傾聴のスキルが必要とされる。

2-2 【事例2】接客時の同調・共感の重要性

　事例1ではVTRを用い、いわば間接的に接客時の所作の影響を評価したが、事例2では、実験参加者がビューティー・コンサルタントと実際に対面する、模擬接客場面での生体反応を測定した（岡部他, 2015）。

　実験参加者は、26〜50歳の健常な一般女性16名だった。実験参加者は、事例1と同様に左手の人差し指・中指の各1か所に、SCLの測定用の生体用電極を貼付された状態で、テーブルを挟んで向き合い、座位で約7分間の模擬接客を受けた。「同調・共感を心がける応対（条件X）」での接客を2回、「同調・共感を心がけない応対（条件Y）」での接客を1回、それぞれ異なるビューティーコンサルタントが行った。ビューティーコンサルタントには、条件Xでは、接客時に「お客さまの話す内容を要約し、内容と、お気持ちを推察して、話を返すこと」に気をつけて応対を行うよう、条件Yではあえてそれを行わないよう、実験前に教示をしていた。

　計測中に電極が外れるなどし、データが取得できなかった3名を除く13名の記録を解析した結果、SCLは両条件とも共通して、接客の時間経過に伴って低下する傾向にあった（時系列の効果：$F(5, 60) = 5.97, p < .01$）が、平均値は、条件Yと比べ、条件Xの方が高かった（条件の効果：$F(1, 12) = 12.25, p < .01$）。なお、条件Xは実験参加者ごとに2回の平均値を代表値としている。

　事例1では傾聴的態度の違いをVTRで表現し、視聴した映像の違いによって交感神経活動の差が生じることを示したが、事例2では、「お客さまの話す内容を要約し、内容と、お気持ちを推察して、話を返す」という、顧客の態度や発話内容に応じたコミュニケーションの

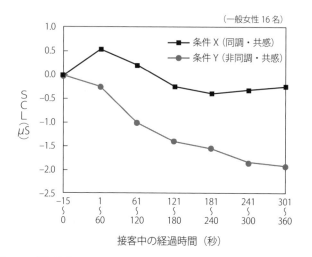

（一般女性 16 名）

凡例：
■ 条件 X（同調・共感）
● 条件 Y（非同調・共感）

接客中の経過時間（秒）

図 4-3　模擬接客中の条件別の皮膚コンダクタンス水準の平均値の変動

条件ごとに、接客まえの15秒間の平均値を0として基準化し、60秒ごとの平均値を算出した。接客開始より6分間の変動を示している。

スキルである「同調・共感」によっても、顧客の心理的な高揚感に差を生じうることが確かめられた（図 4-3）。

3　まとめ ── 企業での心理学のさまざまな活用の可能性

　事例1、2の結果は、化粧品店での接客、化粧品のカウンセリング業務に従事する担当者を対象とした研修に活用された。この研修では、トレーニングを行う担当者より、「科学的なデータを見せていただけたことで、今までよりも納得感が高まり、浸透しやすくなると思います」といった感想も寄せられた。

　本節で紹介した事例は、従来は経験知であった接客時に留意すべき応対スキルの有効性について、科学的根拠を示し、応対教育上のコンテンツの提供に結びつけたもので、心理学が果たしうる貢献の一つの

形を示している。

　企業における心理学の活用については、商品開発プロセスの中で、情緒価値の側面の客観的な評価を期待されることが多く、著者もそのための研究開発を進めてきた（Ohira & Hirao, 2015）。一方で、本節で示した、臨床心理学、生理心理学にまたがる研究結果は、従来は強くは認識されていなかった側面からの、心理学による事業活動への寄与の可能性を示すものと考えられる。

【参考文献】

平尾直靖 (2010)「化粧・美容領域における感性的な価値の追求を目指した心理学的研究」『表面』48(6), 177-189.

Ohira, H., & Hirao, N. (2015) Analysis of skin conductance response during evaluation of preferences for cosmetic products. *Front. Psychol.* 6:103.

岡部みゆき・平尾直靖・熊野宏昭 (2014)「カウンセリング時の傾聴的態度の客観的評価：化粧品のカウンセリング場面の映像視聴時の心理・生理反応」『日本心理学会学術大会第78回大会要旨集』.

岡部みゆき・平尾直靖・熊野宏昭 (2015)「カウンセリング時における共感的理解の客観的評価：化粧品応対場面でのクライエントに与える心理・生理反応」『日本心理学会学術大会第79回大会要旨集』.

互恵子・髙田定樹 (2013)「アイトラッキングによる他者の外見に対する視覚的注意と印象形成の検討」『日本化粧品技術者会誌』47, 2.

Tagai, K., Shimakura, H., Takata, S., Nagai, M., Watanabe, K., Niki, K., Iwaki, S., & Kumada, T. (2013) Differential brain response to one- or two-hand handling action: An fMRI study. *Journal of Neuroscience and Neuroeconomics, 2*, 21-32.

食品開発への心理学の活用

松嵜 直幸（サントリーグローバルイノベーションセンター株式会社）

1 はじめに

　食品の機能は、①生きるために不可欠な栄養、②味、匂い、色、食感、形、大きさなどの我々の感覚、③摂取した成分による生理的調節の3つに分けられる（荒井, 2013）。これは食品＝モノに対する見方であると同時に、食品と人間との関係を指すと捉えることもできる。

　人間がある食品を食べる際、まず「食べられるか？」、「おいしいか？」といった評価をするであろう。この評価から食行動が始まると考えると、初期段階で行われる嗜好判断は食行動における重要な認知過程であると考えられる。栄養的に優れたものであっても、一つのものをずっと飽きずに食べ続けることは人間にとって困難である。いろいろなものを口にし、それぞれのおいしさを感じることは、生理機能的な面だけではなく、心理的な面における豊かさをもたらす。高齢者の介護場面などでも、お酒やお菓子などの嗜好品が人の生きる意欲につながっているという報告があるように（田中, 2013）、人間は食品を通じていろいろな感覚を味わいたいのである。

　本稿では、飲料がもたらす感覚刺激を通じた心理的変化について、関連する生理応答の測定を行い、実際の飲料開発につながった研究事例を紹介する。

2 飲料の心理学

2-1 【事例1】炭酸水「クールビズ」

　ヨーロッパでは炭酸水を飲むことが一般的であるが、日本でも健康志向を背景に日常的な飲用水としての炭酸水消費量が伸びている。炭酸水が消化不良に与える効果などについての報告は多いが（Ibiele, 2008；Cuomo et al, 2008, 2011, 2014）、炭酸水によって生じる感覚と身体の生理的応答についての報告は多くはない。炭酸水は明らかに炭酸なしの水とは違うものとして知覚される。そのような炭酸刺激に対して生じる心理的反応・生理応答はどのような効果を持つのであろうか。

　高木ら（2014）は、このような観点から炭酸水を摂取した際の生理的変化を検討している。生理的変化として、身体の深部の体温を示す鼓膜温（松本ら, 1992）、および末梢の皮膚温を示す足先温に着目し、炭酸水と炭酸を含まない軟水を実際に飲んだ場合と口に含んだだけで吐き出す場合とで計測した。炭酸水を飲んだときの一番大きな印象は、口に含んだ瞬間のシュワシュワと泡がはじける物理的な刺激感である。この刺激の有無が体に与える影響を検討するために、口の中に含んだときの影響と実際に飲み込んだ後の影響を比較したのである。実験では、まず安静状態で体温を計測した後、水150㎖を5分間かけて摂取した。一方、口の中に含むだけの条件では、水を口に含んだのち、飲み込まずに別のカップに移した。続く40分間、体温の推移を計測した。測定データは10秒間隔でコンピュータに記録し、1分毎の平均値を測定値とした。

　調査参加者には、前日にカフェイン、香辛料や油の多い食事、激しい運動を避けるように依頼した。また、実験2時間前からは絶飲食

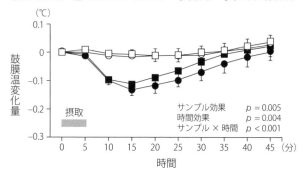

図4-3　深部体温への影響

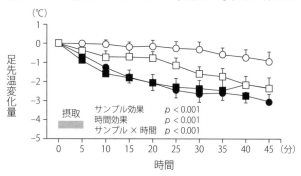

図4-4　末梢体温への影響

（食事と飲水を禁止）とすることで、調査参加者の状態をコントロールした。香味刺激に対する生理応答の測定のような食品についての心理学的評価では、視覚や聴覚と比べて調査参加者の体調や状態が大きな影響を与える点に気をつけなければならない。

　水分摂取前の体温を基準として深部体温の経時変化を示したのが図4-3、末梢体温について示したのが図4-4である。水を飲んだ場合が●、炭酸水を飲んだ場合が■、水を口に含んだだけの場合が○、炭

酸水を口に含んだだけの場合が□で表されている。深部体温は、水と炭酸水に依らず摂取後に一時的に約 0.1 度低くなった。それに対して、水と炭酸水を口に含んだだけの場合には変化がほぼ見られなかった。

　一方、末梢体温は、水を飲んだ場合と炭酸水を飲んだ場合で同様に、徐々に約 3 度低下し、計測期間中は低下したままであった。また、末梢体温は、炭酸水を口に含んだだけの場合でも低下し、低下幅も実際に飲み込んだ場合と同程度の約 3 度であった。ただし、低下し始める時間は飲み込んだ場合よりも遅かった。なお、水を口に含んだだけの場合にも、炭酸水よりは小さいが体温の低下を示し、低下幅は約 1 度であった。

　深部体温は、口に含むだけでは変化は生じず、実際に摂取した場合のみ一時的に低下した。これは、冷たい水分を摂取したことで物理的な熱移動が生じた後、熱産生によって体温が回復したものと考えられる。一方、水を口に含んだ場合の一時的な体温の低下は、まず水分による口腔刺激が交感神経を興奮させた結果、皮膚血管収縮と皮膚血流量減少が生じ、皮膚からの熱の放散が抑制されたものと考えられる。つまり、炭酸刺激は感覚刺激でありながら、体温の変化という生理応答を引き起こすのである。

　ここでは、炭酸水の摂取が体に与える作用の検討により、炭酸水が口の中の感覚刺激だけで体温を調節するような生理作用を持つことを明らかにした。実用的な場面を考えれば、夏場、服装による体温調整だけでなく炭酸水の飲用で体温低下の実感を上手に取り入れれば、より涼しさを感じることができると思われる。炭酸水の活用は、飲む「クールビズ」だと言えるかもしれない。

2-2 【事例 2】ウーロン茶「マリアージュ」

　我々は食事を楽しむために料理に合う飲み物を選んできた。フラ

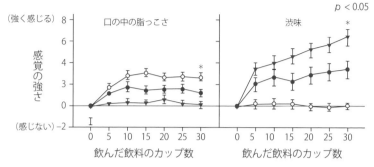

図4-5　摂取回数と脂っこさ、渋味の蓄積との関係

ンス料理では、料理とワインの相性の良さを「マリアージュ（結婚）」と呼ぶ。たとえば、肉と赤ワインとは相性が良いと言われる。このマリアージュは経験の積み重ねに基づくものであるが、最近では、食材や飲み物の科学的分析により相性のよい組み合わせを探る「フードペアリング」と呼ばれる方法も注目を集めている。

　一方で、何がその組み合わせをおいしいと感じさせているのかは、これまで明らかになっていなかった。ガチョンズら（Gachons et al., 2012）は、油脂を多く含む食材を食べる際、渋味のある飲み物を摂取することが多いという事実から、それらを摂取する際の口の中の感覚の変化に着目し「相性のよさ」の理由を検討している。実際の食事場面と同様に脂っこい食事と、渋味のある飲料の代表としてウーロン茶、または苦味のある飲料を少量ずつ交互に摂取しながら、そのときの口の中の感覚の強さの評定を求めた。具体的には、①サラミ5gを食べ、その後に苦味溶液5mℓを5回飲む、②サラミ5gを食べ、その後にウーロン茶5mℓを5回飲む、③ウーロン茶5mℓを5回飲む、という食品摂取パターンを繰り返し行い、飲料とサラミそれぞれを摂取した後の「脂っこさ」と「渋味」の2項目について強度評価を求めた。

その結果を示したのが図4-5である。サラミの後に苦味溶液を飲んだ①の場合にはカップが増えるに従って脂っこさが上昇したが、サラミの後にウーロン茶を飲む②の場合にはほとんど上昇しなかった。これは、ウーロン茶の渋味によって脂っこさが打ち消されたことを示している。また、③のウーロン茶だけを飲む場合には、最終的な渋味が強くなる、すなわち渋味の蓄積が生じた。一方、脂っこい食事と共に繰り返し食べる場合には渋味が蓄積しにくかった。

　これらの結果は、脂っこい食事と渋味のあるウーロン茶を組み合わせることは、脂っこさも渋味も蓄積しにくくし、いつも最初の一口と同じおいしさ、味わいを楽しむことにつながることを示唆している。「脂っこい食事にはウーロン茶が合う」という経験則の背後には、ウーロン茶の中の「渋味」による刺激が口の中の脂っこさを効果的に軽減させるという理由が隠されていたのである。

　ウーロン茶には油脂を乳化させる特性があるとされており、「さっぱりした飲み物」とされるウーロン茶は、物質的にも口の中から「脂っこさ」を取り除くと言えるであろう。つまり、食事の合間での渋味のある飲み物の複数回摂取は、口の中の「脂っこさ」のリセットに効果的であり、特に、ウーロン茶はその効果が高いと考えられる。

　本研究は、消費者が日常的に使う「相性」として脂っこい食材と渋味のあるウーロン茶の関係を取り上げ、食事と飲み物の相性の良さを人はどう感じるのかという視点から研究することにより、おいしさの体感の一端としてお互いをリセットする効果を明らかにした。このような研究は、「この料理にはこの飲み物をどうぞ」といった、おもてなしに最適な飲料の開発につながるであろう。今後、相性が良い理由のより詳細な解明、さらにはいっそう食事をおいしく楽しむための方策の科学的追究が期待される。

3 これからの食品開発

　本稿では、飲料がもたらす感覚刺激を通じた心理的変化について、官能評価と関連する生理応答の測定を行い、実際の飲料開発につながった研究事例を紹介した。人間の生理応答の計測と言う場合、多くの心理学関係者は、心拍や皮膚電気活動、あるいは脳波などの生理計測について思い浮かべるであろう。しかしながら、食品に対する生理応答を計測しようとすると、一般の安静状態での生理指標計測とは大きく異なる点に気づく。それは、食行動の測定が"食べる"という行動を伴った計測となるため、体動などのノイズが非常に大きいということと、体内に飲食物が入ることによって調査参加者の状態が変わってしまうということである。

　行動を伴うということに関しては行動そのものを精度良く計測することによって、行動の影響を除外する、あるいは行動が大きくないところで計測するなどの工夫が必要である。それらを実現するためには、行動に伴う身体の変化や生理応答に関する知見も深めていくことが重要である。

　実用的な観点から言えば、普遍性を志向した一般的な心理学的研究からの知見をそのまま商品開発に活用することは難しい。むしろ、きわめて個人的な食行動や食体験を記述することの方が有益である場合が多いかもしれない。しかし、個人的な行動の背後にあるメカニズムを抽出しなければ本稿で述べたような科学的知見に裏づけられた商品の開発は難しい。そのようなメカニズムを科学的アプローチによって抽出することは心理学研究の得意とするところである。さらに、今後は、脳の応答や生理的データなどを利用して各個人の違いまでを要因とした分析もますます重要性を増してくるであろう。

炭酸水の研究を紹介したホームページ（http://www.suntory.co.jp/sic/research/）に、「私たち（企業）は、飲料の摂取には日常生活を快適に過ごすための工夫が隠されていることがあると考え、どんな飲み物が体にどのような作用をするのか、その原理原則にさかのぼって研究を進め、隠された作用や仕組みの解明にチャレンジしている」という一節がある。心理学的アプローチにより、人間の体に起こる多様な変化を捉え、まだ我々が気づいていない飲料摂取がもたらす価値を見出していけるよう進めていきたい。

【参考文献】

荒井綜一 (2013)「機能性食品研究の過去・現在・未来：期待される研究の新領域」『食品と開発』*48*(10), 4-6.

Cuomo, R., Savarese, M. F., Sarnelli, G., Vollono, G., Rocco, A., Coccoli, P., Cirillo, C., Asciore, L., Nardone, G., & Buyckx, M. (2008) Sweetened carbonated drinks do not alter upper digestive tract physiology in healthy subjects. *Neurogastroenterology & Motility, 20*(7), 780-789.

Cuomo, R., Savarese, M. F., Sarnelli, G., Nicolai, E., Aragri, A., Cirillo, C., … Buyckx, M. (2011) The role of a pre-load beverage on gastric volume and food intake: Comparison between non-caloric carbonated and non-carbonated beverage. *Nutrition Journal, 10*, 114. http://doi.org/10.1186/1475-2891-10-114

Cuomo, R., Andreozzi, P., & Zito, F. P. (2014) Alcoholic beverages and carbonated soft drinks: Consumption and gastrointestinal cancer risks. *Cancer Treatment and Research., 159*, 97-120.

des Gachons, C. P., Mura, E., Speziale, C., Favreau, C. J., Dubreuil, G. F., & Breslin, P. A. S. (2012) Opponency of astringent and fat sensations. *Current Biology, 22*(19), 29-30.

Ibiebele, T. I. 1., Hughes, M. C., O'Rourke, P., Webb, P. M., & Whiteman, D. C. (2008) Cancers of the esophagus and carbonated beverage consumption: A population-based case-control study. *Cancer Causes & Control, 19*(6), 577-584.

松本孝朗・小坂光男・山内正毅・大渡伸・土屋勝彦・李嘉明・楊果杰・鶴田雅子・横山直方・和泉元衛・長瀧重信 (1992)「放射鼓膜温計の基礎的・臨床的検討」『日本生気象学会雑誌』*29*(2), 119-125.

高木絢加・谷口彩子・駒居南保・村絵美・永井元・森谷敏夫・永井成美 (2014)「炭

酸水による口腔への刺激が深部・末梢体温に及ぼす作用：Sham-feeding（偽飲）による口腔内刺激を用いた評価」『日本栄養・食糧学会誌』*67*(1), 19-25.

田中靖代 (2013)「食べることからの生きがい支援」『老年看護学』*18*(1), 20-23.

心理学者とエンジニアの歩み寄りの必要性

西崎 友規子（京都工芸繊維大学）

1 エンジニアの心理学に対する期待と幻想

「専門は心理学」というと、心理学を学んだことのない大半の人からの返答は「心が読めるんですね」、「私が今、何を考えているかわかるんですか」、といった心理学に対する偏見とも言える幻想が含まれていることも多い。心理学という言葉を耳学問的に知っている中高生、他分野の研究者との会話においても、筆者はこれまでこのようなやりとりを何百回もしてきたし、おそらく、心理学研究に従事している方々は、多かれ少なかれ同じような経験をされていることと思う。

筆者は 2003 年に記憶の研究（認知心理学に含まれる）で博士号を取得した後、大学と研究所の博士研究員を経て、自動車メーカーに入社した。それまで認知情報処理機能の個人差について研究していたが、それは学術研究のみに終わらせるべきことでなく、実社会で活用すべきであると信じ、大学等の研究機関ではなくメーカーへの就職を希望した。身近な人工物の中で、最も大きくて機能が多く、人の心理を考えうる要素がふんだんに詰まっていそうな自動車であれば、筆者のこのような思いをいくらか受け止めてくれるであろうという期待があった。筆者が入社した当時、研究開発部門に人間科学系の博士号取得者は一人もいなかった。

入社直後は筆者を受け入れてくれた上司とその他数名の理解者を除く多くの人（＝エンジニア）にとって、依然「心理学って？」という疑問が湧いていたと思う。その証拠に、先述の幻想のような会話は、

社内でも珍しいことではなかった。筆者が最初に行った仕事は、「心理学とは何か、自動車会社でどのように心理学の知見を活用できそうか」をまとめて周囲に説明すること、そして社内他部署で主にヒューマンファクターの研究開発をしているエンジニアたちから現状を尋ね、さらに筆者がこれまで行ってきた研究や関心事を説明し、社内の研究開発部門で心理学を活かす場を探索することであった。

　自動車研究開発の現場では、当然それまでも、人（運転者、お客さま）の視点に立つことがおざなりにされていたわけではなく、運転者の身体特性を考慮した設計開発がなさていた。車載機器や搭載システムといったヒューマン・マシン・インタフェース（HMI）に関する開発や評価場面では、想定される運転者像の平均的な体格や特性を基準に開発設計を進め、開発のある段階においてその製品に対してユーザによるテストを行い、設計の評価を行う（西崎・永井・河原・熊田, 2010）ことが常である。たとえば、車室内のインテリア等、お客さまの好き嫌いや快不快といった感性的な価値に関しての検討、さらに今後のモビリティ像やサービスの姿の在り方に対する将来的な検討なども、官能評価等の評価手法や種々のアンケート調査やインタビュー法を用いて、日常的に行われていた。心理学者がいなくとも、心理学という学問の基盤がなくとも、実産業場面では「心理学的な」検討が日常的に多く行われており、それによって有用な製品やサービスが世に送り出されていることを目の当たりにした。

　このことは、「心理学の学位があれば何ができるの？」という大きな疑念の裏返しでもある。「心理学者がいれば、運転者の問題もお客さまの行動の理解もすべて解決するはず」という桁外れな期待というか、またしても幻想からのプレッシャーでもあり、自動車開発現場で心理学を活かしていくという面で、筆者が抱え続けた最大の難問であった。

2 自動車会社で活かす心理学

　自動車会社の中で心理学を活かせる場（しかも、筆者自身が高いモチベーションを持って挑める研究要素のある場）の探索を続ける間に、社内で強力なパートナーに出会うことができた。筆者の入社の少し前に技術開発部門に創設された、女性視点目標設定グループである。

　本グループは、女性のお客さまの立場から見て魅力のある自動車を生み出すことをゴールとしていた。魅力のある自動車とは、内装や外装が女性の嗜好を捉えているだけでなく、自動車本来の機能である「運転」を負担なく楽しくするものであるべきであろう。女性の運転といえば、広く一般に「下手」と見なされることが多い。しかしながら、当然すべての女性がそうではない。あくまでも、女性は男性よりも運転が不得意な人が多いように見えるという印象が、このような通説としてまかり通っているのであろう。女性でも男性以上に運転が得意な人がいるし、男性の中にも運転が驚くほど不得意な人がいるはずである。そこで著者は独立行政法人（現：国立研究開発法人）産業技術総合研究所と共同で、性という個人差の前に、運転者のどのような認知情報処理機能の個人差が運転に関する行動に関連しているのかを明らかにすることを試みることにした。筆者の専門である認知情報処理機能は、複雑な認知活動である運転に関する行動の得意・不得意と強く関連していることは優に想定できたし、元々そういった個人差を解明して、運転支援のシステムやサービスにつなげたいと考えていた。

　「女性の運転に対する苦手を解消するための支援方法」を導くために、先述のグループが以前から行っていた女性を対象とした運転の不安場面に関する調査やインタビュー結果を基にして関係者で数回の議論を重ね、「バック走行」にターゲットに絞ることとした。「バックで

駐車するのが怖い」という声は、常に、運転時の苦手とされる場面の上位にあげられている。つまり、女性の運転に対する苦手を解消する支援方法を導くことを大きなゴールに、運転者のバック走行の得意・不得意を規定する要因を探ることを研究の目的とした。著者らのグループは、性差、そして年齢や運転経験といったこれまで想定されていた運転行動を規定する運転者属性ではなく、あくまでも認知情報処理機能の個人差こそが運転行動を特徴づけているという信念を貫き、これを証明することに注力した。

　当時、社内、そして自動車技術会（自動車研究開発の研究発表の場である国内最大の学会）でも、運転経験や年齢や性差が、運転者の運転に関する行動を特徴づける主な要因として捉えられており、「女性だから運転が苦手なわけではない」ことを科学的（心理学的）に説明することはまったく主流ではなく、大きな挑戦でもあった。

　そこでまず、バック走行に必要な認知情報処理機能を複数仮定し、それを実験室内で測定する認知課題を開発し、大学生の実験協力者のデータを集めた。性差こそが運転行動を特徴づける要因ではないことを示すために、実験参加者はすべて女性とし、複数行った認知課題の中から、女性の中で個人差が大きい認知情報処理機能として、「身体座標－外部座標の対応づけ機能」を選定した。「身体座標 - 外部座標の対応づけ機能」とは、実験参加者自身の身体座標（たとえば、ハンドル操作）と、それによって実現する外部座標（たとえば、車の動き）をスムーズに対応づける認知機能を指す。本実験では、高次認知機能を測定する神経心理学的検査の一つとして古くから使われているTrail Making Test（Reitan et. al., 1958）に鏡映描写法を組み込んだ課題を作成し、本機能を測定した。そして、この機能の高い女性と低い女性数名ずつに教習所に来てもらい、実際のバック運転の走行データを取得することによって、認知情報処理機能と運転との関連を見出すことにした。

参加者として女性たちを募るにあたり、認知情報処理機能の得点だけでなく、運転経験の長短の観点についても考慮した。その結果、教習所コースの中のＳ字路をバック走行する課題において、実験参加者の属性によって、有意な差が見られた。すなわち、身体座標－外部座標対応づけ機能が良く（かつ運転経験がほとんどない）実験協力者は、Ｓ字路をスムーズにバックすることができたのに対し、この機能が低く（かつ毎日運転している）実験協力者は、脱輪を伴いながらの走行となり、多大な時間を要した。これらの結果から、同性、同年齢の運転者であっても、その運転者がもつ認知情報処理機能の特徴によって運転行動が異なり、それは運転経験からも測ることができないものであることが示された。

　本結果は、先述のグループを中心にした「ハンドルの取り回しに対する理解をサポートする運転支援装置」の企画開発を後押しすることとなった。バック走行が苦手な運転者（女性、というよりも 身体座標－外部座標対応づけ機能が優れていない運転者）のサポート装置としてその価値が認められ、小型車に搭載されることとなった。

　「女性だから運転が苦手なわけではない」ことは、社内外のヒューマンファクターを扱う者は皆、以前から薄々と感じていたことであるとは思う。しかし、それを正しく証明する術がなく、それを実証する人がいなかったのだ。本事例は、認知心理学の手法を持ち込むことによって、運転者を正しく理解することができることを示し、自動車開発、特に運転者理解の場に、心理学が介在することの意義を見出した大きな契機になったと考えている。その証に、その後著者らの研究成果は徐々に自動車業界にも広まり、運転シーンに応じて運転者の認知情報処理機能の個人差が関わることを示す研究事例が見られるようになっている（永井他, 2015）。

　本事例が、自動車会社にとっても心理学者にとっても意義のあるものとなったのは、手前味噌になってしまうが、双方をよく知るパイ

プ役（筆者）がいたことが大きかったのではないかと思う。筆者はこれ以外にも、大学等研究機関との共同研究をいくつか経験しているが、実働を始める前に、互いの目的を十分に理解するための議論、特にバックグラウンドの違う者同士の意識合わせに時間を要することが、共同研究において最も大事なことと感じている。容赦なく自由に意見を言い合える関係が構築できれば、双方にとっての成功の道は近いと言える（研究の詳細については、西崎他, 2010; 西崎他, 2013 を参照されたい）。

3 ものづくりがわかる心理学者と 心理学がわかるエンジニア

　筆者は自動車会社でさまざまな視点からの有意義な経験を積んだ後、工科系大学で認知行動科学の研究室を構える教員に立場を変え、将来エンジニアとして産業界に飛び立つ学生の教育に携わることとなった。
　筆者が自動車会社に入社した頃、それまでいた心理学研究の世界との視点の相違で最も驚き戸惑ったことは、心理学に対する幻想ではなく、多くのエンジニアたちの「人に対する誤解」であった。心理学者は、日常の中の出来事でも、自然と人を中心に理解しようとすることが多いと思う。たとえば、大型バスの衝突事故がニュースとなり、その原因が話題になったとしよう。著者は、バスの運転手はどういう経験を持った人で、事故前はどのような運転をしていたのかが気にかかる。ものづくりを生業としているエンジニアは、バスの不具合の可能性、路面や周囲の交通環境の状況について関心を持つ傾向があるように感じる。先述した個人差の問題と矛盾するかもしれないが、誤解を恐れずに言うと、エンジニアはこのような傾向を持つ人が多いというのが、筆者が初めてエンジニアの世界に身を置いた頃の印象であり、

実は今もそれはあまり変わっていない。また、エンジニアのなかには「心理学＝人の心をはかる学問」と理解し、人に何らかのセンサーをつければ簡単に測定することができる、と信じている人が少なからずいるようである。

　人間中心設計の精神に基づいて良い製品・サービスを提案していくために、そして心理学がその世界に参入するためにも、エンジニアには「人を科学的に捉えようとする研究への正しい理解」、そして人を軸にして、人とものとの関係を考える視点の取得が不可欠であると考える。筆者が調べた限り、現在、全国の工学系学部で、「心理学」に相当する講義の履修が必修とされている大学はなさそうである。多くの大学で、選択必修科目の一つの候補として挙げられている程度である。頭の柔らかい学部学生の間に、"ものをつくること → （多くの場合は）人が使うものをつくること → 人の視点を忘れてはいけない"というエッセンスだけでも注入する講義を必修とすることによって、将来のエンジニアと心理学の有機的な融合が期待できると考える。

　一方で、心理学者は、人の心を科学的に解明する基礎研究こそ価値ある研究という認識を持つ傾向が少なからずあることも否めず、実場面と接点を持ちにくい大学等の学術機関の中にいては、その傾向がますます高まる可能性もある。人への理解を追求する科学が、現実問題として、本当に人のために役立っているのか、考える必要があるかもしれない。たしかに、センサー（機械）であるかどうかは別として、どのように誤差なく人の心を正確にはかること（知ること）ができるのか、その手法を研究することは心理学の務めである。心理学者が、産業界、エンジニアの視点から期待されるわかりやすく意義のある成果を見せていくことこそが、産業と心理学の融合を促す方法の一つであるだろう。筆者は現在、心理学者がほとんど身近にいない大学に籍を置いている。自動車会社に入社した2007年に比べ、世間の心理学への理解は広がったのか、他の理工系研究分野の研究者から「心

理学はどこにでも関係しますよね」と言われることが増えた。見方を変えれば「どこにでも役立つ＝どこにも役立たない」のかもしれないと身を引き締め、心理学だけの世界にとどまらず、エンジニアとの交流を含め、視野を拡げ、人とものとの良い関係づくりを追求する姿勢を貫きたい。

【参考文献】

永井聖剛・西崎友規子・佐藤稔久・河原純一郎・平松真知子・寸田剛志 (2015)「実運転における右折時の同調的不安全行動とドライバ個人特性：認知機能および性格特性から」『認知科学』*22*, 194-202.

西崎友規子・永井聖剛・河原純一郎・熊田孝恒 (2010)「認知特性と運転行動」北島宗雄・内藤耕（編）『消費者行動の科学』(pp.217-231) 東京電機大学出版局.

西崎友規子・永井聖剛・河原純一郎・佐藤稔久・根本英明 (2013)「ドライバの認知機能特性に基づく運転行動分析：後進走行および合流場面における検討」『自動車技術会論文集』*44*, 1059-1065.

Reitan, R. M. (1958) Validity of the trail making test as an indicator of organic brain damage. *Perceptual and Motor Skills, 8,* 271-276.

「つくば型リビング・ラボ」の実践 —— 高齢者を中心
とした使いやすい製品・サービスの開発への試み

須藤 智（静岡大学）・原田 悦子（筑波大学）

1 リビング・ラボとしての
  「みんなの使いやすさラボ」とは？

　リビング・ラボ（Living Lab）についてはさまざまな定義がなされ
ているが（Følstad, 2008; 西尾, 2012）、新しい製品・サービスを社会で
創出するための2つの特徴をもつ方法論であると考えられる（西尾,
2012）。一つ目の特徴は、開発者側がユーザを理解し、ユーザをパー
トナーとして人工物開発のイノベーションのプロセスに取り込むこと
を目指している点であり、二つ目の特徴は、実際の社会環境、日常環
境に近づいたテスト環境を構築し、そのテスト環境、いわゆるテスト
ベッドの中でプロトタイプや実製品・実サービスに関するユーザ評価
を実施する点である。これらの定義を整理すると、リビング・ラボは、
「ユーザが高い動機づけで、人工物の開発・評価過程に加わり、実際
の日常場面での真のユーザ参加型デザインの思想に基づき、人工物の
開発・評価過程を実践する方法論」であるといえる。こうしたリビン
グ・ラボの実践は北欧を中心として始まったが、近年、日本におい
てもその実践が始まっており、その最初期の実践例の一つが、筑波大
学における「みんなの使いやすさラボ」（Center for Usability and Ageing
Research：略称 CUAR）である。このラボは「みんなにとって、呼び
やすい名前であるように」という思いも込めて、「みんラボ」と呼ば
れている。

みんラボでは、つくば市近隣を中心に茨城県南地域に在住する健康な高齢者と、食品から情報機器、医療制度や犯罪予防活動まで、さまざまな製品やサービス（以下、総称として、人工物とする）の開発に携わる企業・団体、さらに使いやすさならびに認知的加齢研究に携わる研究者の3者が参加する「研究の場」である。そこでは、この3者が協働して、さまざまな人工物についての「高齢者にとっての使いやすさ」を明らかにする活動を介して、さまざまな人工物についての「人一般（＝みんな）にとっての使いやすさ」の検証やその基本原理を明らかにする研究活動を実施している（原田, 2012; 原田・中島・木見田, 2018）。その際に、徹底した生活者の視点に立ちながら、使いやすさを科学として追究することを目的としていること、その活動において3者のコミュニティを基盤としていることから、これらの活動がリビング・ラボのコアなコンセプトに対応していると考えられる。同時に、こうした考え方・実施方法は諸外国のリビング・ラボとも少し異なる[1]独自のものであるため、みんラボは自らを「つくば型リビング・ラボ」と呼んでいる。

　みんラボでは、人間中心設計の理論基盤でもあるユーザ中心主義（user centered design）の考え方のもとで、認知心理学・認知科学に基盤を置く認知工学の知識や技術を活用した人工物の使いやすさ向上を目指した研究活動が行われている。ユーザを中心とする設計とは、ユーザであるヒトのニーズや能力、行動に注目し、それらに合わせて人工物のデザインをしようとする考え方であり、人工物を操作する際のユーザの心のはたらきと人工物のインタフェースのさまざまな側面（物理的デザイン、情報デザイン、操作する際の問題解決課題など）との関係に重点を置くために、人の心のはたらき・行動を専門とする認知心理学・認知科学から発案され（Norman, 2013）、その知見や技術・方法論がさまざまに利用されている。またこの領域の発展の中で、ユーザは、単純にそのシステムを「今、そこで利用している」本人だ

けではなく、「その周りにいる人」（原田, 1997）やその後の工程を引き継ぐ人、その影響下にある人すべてを含む（原田ら, 2015）と考えられている。

ユーザ中心主義を制度的に実現したものが、人間中心設計である。その人間中心設計に基づいて人工物を開発する過程を考えたとき、何らかの形でユーザがその開発過程にかかわることが必須であると考えられている。そのかかわり方には、ユーザが企画の段階から開発側メンバーと協働して人工物のコンセプトを考える上流過程からの関与から、プロトタイプや商品の評価に主体的に参加する下流過程での評価参加者としての関与まで、さまざまな形態が考えられる。従来のこうした活動は、製品・サービスの作り手である企業等の閉じた環境の中で実施されてくることがほとんどであり、結果として、個々の活動が横にも縦にも連携せず、個別に行われることが大半であった。

しかし、日常生活の中で実際に使われる使いやすい人工物を新たに創出していくためには、ユーザの視点に立った人工物の企画・開発と、実際にその人工物が利用される環境の中での評価がより強く求められるようになってきている。さらにコネクティッド家電をはじめとして IoT 化（モノのネットワーク接続化）が進み、本当の意味で、Society5.0（内閣府は、「サイバー空間とフィジカルな現実空間を高度に融合させたシステムにより、経済発展と社会的課題の解決を両立する、人間中心の社会」と定義；内閣府, 2016）を実現する上では、今後、今まで以上に、生活・活動空間の中にいる人＝ユーザが、人工物の開発・評価の一連の過程の中に、主体的・継続的に参加できる仕組みが求められてくることになる。

とはいえ、そうした仕組みの構築も、また継続的に維持・運営していくことも容易ではなく、日本国内において、また世界的にも、このような仕組みが継続的に続いている例は決して多くない。

そんな中、みんラボでは、高齢者が単なる研究調査用パネル集団と

いう立場ではなく、人工物の「使いやすさ」を向上させるという目標を開発者らと共有しながら人工物の開発・評価過程にさまざまなレベルで関与し、言葉の本来の意味におけるユーザ参加型のデザインを実現できるコミュニティの構築を目指した。

　みんラボのリビング・ラボとしての特徴は、参加するユーザは高齢者に特化し、みんラボという新たな形態のコミュニティをベースとして活動を進めていることである。コミュニティに参加するユーザのメンバーを高齢者に特化したのは、これまでの若年者と高齢者を比較検討した使いやすさ研究・調査での経験に基づいている（原田・赤津, 2003; 原田, 2009）。多くのユーザビリティテスト場面において、高齢者は、対象となる人工物デザインの問題を若年者よりも直接的に顕在化させる行動を示すことが多い。また、事前事後のインタビュー等からも、日常生活を含めた多様な場面での人工物の使いにくさの問題について、さまざまな「これまでは見えていなかった」問題に関する情報も含めて得られることが知られている（原田, 2012）。これらの具体例については他書に譲るが（原田・須藤, 印刷中）、ヒトの認知過程の加齢変化において、若年者と連続性を持った形で問題解決をするにもかかわらず、いくつかの機能的変化（たとえば、視覚情報の取り込み速度の低下や一時的に保持するための作動記憶容量の減少など）により、デザイン上の問題の顕在化を強く引き起こしているものと考えられる。すなわち、使いやすさ研究において、高齢者は人工物の使いにくさの問題を発見する「感度の高い」ユーザであり、人工物のデザイン上の問題発見・理解のために、高齢者の人工物利用を観察し、対話することがきわめて効率的、かつ有効であるとされている。実際、高齢者が示す「使いにくさ」の問題は、本質的なデザインの問題を反映しており、若年者にとっても何らかの問題となっている。それらは若年者の行動では、表面上の小さな問題に見える場合も少なくないが、実はその問題を乗り越えるために一定以上の認知的エネルギーを費やしてい

156

ることが多く、その結果として、そのような「小さな問題」でも「使いにくさ」の問題を解決した人工物は、最終的には、誰にとっても使いやすい、すなわちユニバーサルな使いやすい人工物となる。

2　みんなの使いやすさラボでの取り組みの紹介

みんラボでは、人工物の使いやすさ向上を目指したさまざまな活動を実施している。ここでは、コミュニティを基盤に高齢者会員と共に人工物の「使いやすさ」を考える活動の代表として「みんラボカフェ」、ならびに、より具体的な個々の人工物についての「使いやすさ検証活動」を取り上げて紹介したい。

2-1　みんラボカフェ

みんラボカフェは、ミニワークショップとでもいうべきものであり、さまざまな人工物について企業・団体の開発者らによる説明を聞き、実際にその人工物に触れるなどした上で、参加した高齢者会員、開発者、研究者らが、その人工物「使いやすさ」の問題について議論を行う場である（図4-6）。議論では、認知心理学、認知工学の専門家である研究者がファシリテーターを担当しながら、ユーザの視点からの「使いやすさ」の議論を行っていく。たとえば、食品パッケージの使いやすさを議論する回では、高齢者会員がパッケージの開封を体験し、その体験をもとに高齢者の視点から人工物の具体的な使いにくさの問題をさまざまに議論する。また、「ワトソンって何？」というテーマで、IBMの人工知能システム・ワトソンを「自分たちなりに理解する」ためのセッションを実施、「人工知能を、社会全体が良い方向に向いていくための技術にするためには、どうすればよいのか」という

図4-6　みんラボカフェの様子

議論に発展したこともある。

　こうした人工物を媒介としたカフェでの議論は、まさにユーザ参加型デザインの一つの形である。また、こうした活動は、高齢者会員を始め、すべてのみんラボ構成員にとって、みんラボでの人工物の開発・評価過程への参加の入り口となっている。すなわち、このカフェへの参加をとおして、高齢者も参加企業もユーザ参加型デザインの意義の理解を深めており、それぞれの立場からの主体的な参加を促すことにつながっている。また、こうした活動をとおして、次に説明するような、みんラボでのさまざまな形態の検証活動が、より良質な形で実施できる仕組みの構築につながっていることも実感されている。

2-2　みんラボでの人工物の使いやすさ検証活動

　これまでのユーザインターフェース研究の中で行われてきたユーザビリティテスト（人工物の使いやすさの評価）の多くは、テストルームという限定された人工的な環境の中で、ともすれば日常生活とは大きく異なった実験的文脈の中で行われることが大半であった。このようなテストルームの中で「初めて出会う」人工物との相互作用の中で

顕在化する問題は、その人工物が実際に利用される文脈で現れる問題とは性質を異にする可能性があり、またインタフェースの表面的な問題に目を奪われがちであることも少なくなかった。そうした人工的環境の中でも、実際の人が実際の人工物を日常的に利用する現実的文脈で初めて生じてくる問題を抽出するために、個々の調査者・研究者が多様な工夫を重ねていたが、そうした問題意識が薄い場合、あるいはそれらの問題点に気づいていない場合には、結果としてユーザビリティテストから抽出される問題が「現実の問題とは乖離してしまう」場合も少なくない。そのため、実社会の中で価値が高い、より使いやすい人工物を創造していくためには、その人工物が利用される社会的文脈や個人の日常生活の文脈といったさまざまな文脈を考慮した「使いやすさ」の問題へのアプローチを追究していく必要がある。

　このような考え方から、みんラボでは、人工物が利用される社会的文脈、個人の日常生活の文脈を重視した使いやすさの検証としての、新しい手法として以下の2つの方法論を採っている。

　一つは「自宅訪問型ユーザビリティ調査法」である。これは、ユーザの自宅を訪問し、その人工物が実際に利用される環境の中での観察を行うエスノグラフィ調査と、その環境の中で対象人工物や利用目的などを「統制」して実施するユーザビリティテストを同時に実施するものである。たとえば、食品包装についての使いやすさの検証を行う場合、対象者の自宅を訪問し、実際の対象者自身の居住するキッチンやリビングという「実際の人工物の利用空間」で、「この食品」を使って昼食の準備をしてくださいというユーザビリティテストを実施する。その際、その利用空間の環境条件やそこでの制約（例：どこで使うのか、どんな食器／調理器具をどこから出してきて使うのか等）がどのように食品（容器）の使いやすさに影響する可能性があるのか、また、その環境の中にある外的資源、たとえば、菜箸やはさみなどのキッチン用品が対象人工物の利用でどのように活用され、その使

いやすさに影響するのか、調理後の包装容器をどのように処理するのか等を調査している。このような調査をとおして、当該の人工物（食品パッケージ）と利用環境、環境内の他の人工物を含めた問題発見やニーズの明確化を、文字どおり、生活空間・生活者の視点から行うことができる。

　二つ目の調査方法は、継続型ユーザビリティテスト法である。継続型ユーザビリティテスト（Mori & Harada, 2010）では、実験参加者に対象人工物を渡し、自宅等での日常生活の中で一定期間、実際に利用してもらう方法だが、その際に、その期間の前後や途中で、一定条件下でのユーザビリティテストを行う。すなわち、個々のパネルユーザが実際の生活の中での利用を行いながら、それらの複数のユーザに対し、一定の条件下、すなわち同じ制約下で利用する状況を複数回のユーザビリティテストとして設定し、そこでの利用方法について観察・分析するという方法である。たとえば、須藤ら（2014）は、タブレット端末を自宅に持ち帰ってもらい、約1ヶ月にわたって継続的に利用することを求め[2]、その期間中は毎週1回、どのようにタブレットを利用しているのかみんラボにてインタビュー調査を行った。このような継続型ユーザビリティテストは、高度自動運転支援機能（富田ら, 2018）から化粧品容器（Tanaka & Harada, 2016）まで、さまざまな人工物で利用可能な方法である。その一番の特長は、人工物についての「学習」の問題に直接的にアプローチすることが可能である点である。先に述べたように、一般的なユーザビリティテストでは、「初めてその人工物に触れた」タイミングを対象とすることが多く、時間経過に伴う学習については十分な情報を得ることができない。しかし、継続型ユーザビリティテストでは、人工物を利用し続ける中での使い方の学習の様相や学習の促進・阻害要因についての検討を可能にする、すなわち一定の条件下での継続的観察に基づき、人工物と日常生活の文脈との相互作用を考慮した形での学習過程の検討とそこ

での問題発見が可能となる。

みんラボで採用しているこれらの 2 つの方法論は、実験参加者にとっても、また実験を実施する側にとっても負荷が高い方法である。しかし、従来のユーザビリティテストではアプローチできなかった問題を追究していく可能性を大きく展開する方法である。このように高負荷な方法が実施可能になった基盤として、ユーザ参加型デザインへの主体的な参加を是とするユーザの存在がなくてはならない。特に、1 回ずつの調査参加ではなく、継続的にコミュニティ参加を表明している登録会員が存在すること、同時にそれら登録会員について「およそ 200 項目」のプロフィール情報（安達他, 2014 を参照）を有するデータベースを基盤としていることにより、少ないサンプルであっても「可能な限り体系的な」サンプリングを行って、少数事例からより一般的な結論を導き出す可能性を得ていることが、こうした研究活動の前提となっている。

加えてみんラボでは、前述のようにさまざまなコミュニティ活動をとおして、参加者に「共に人工物の使いやすさのために協働する」という共通理解があることで、こうした高負荷な調査であっても主体的な参加が得られやすく、さまざまな使いやすさ検証活動の実施が可能になっていると考えられる。

3　リビング・ラボとしての
みんなの使いやすさラボと心理学

以上のように、みんラボでは、地域在住の高齢者である登録会員と人工物の開発者、使いやすさ研究者らが協働して「使いやすい」人工物についてのユーザ参加型デザインを実践しており、このような場は、「リビング・ラボ」の一形態と位置づけることができる。さらに、み

んラボは、認知心理学、認知工学、認知科学といった心理学をバックグラウンドとした研究者が中心となり、その他の研究領域、すなわち情報科学などの研究者と共に、研究領域を越えて知恵と技術を持ち寄って運営している点に独自の特徴がある。近年、さまざまに展開されつつあるリビング・ラボであるが、「心理学」が果たしうる役割を明確化しようとしている試みとしても、みんラボでのユーザ参加型デザインの実践やその存在意義は重要と考えられる。

　高齢社会を先取りしている我が国の社会状況とSociety5.0のかけ声の下、今後さらにICTやIoTの活用によってさまざまな日常生活レベルでの人工物が情報化され、それらの人工物が地域社会を支える重要な役割を担うことが期待されていくものと考えられる。このような社会状況の中で、筆者らは心理学者として何ができるのか、何が求められるのかについて真摯に向き合っていきたいと考えている。実際に「生活」「生きる」という意味を考えるとき、そこには生活が営まれている地域に固有の社会的文脈が存在する。実際のユーザや「社会に生きる人々」の生活を「より良いもの」として、そうした「新たな情報技術にも支えられた人間らしい暮らし」を実現していくためには、地域固有の多様な社会的文脈下での活動を通じて、よりビビッドな形で、ユーザにとっての使いやすさの問題にアプローチしていく必要が出てくる。

　みんラボは、つくば（茨城県南地域）の住民の方々と共に生活に密着した使いやすさの問題にアプローチしてきた。今後は、みんラボのスキームや集積されたノウハウを他の地域の試行的取り組みとも共有し、各地域にみんラボのようなリビング・ラボを展開していくことが社会的に重要な課題となる。今後の社会的展開、実践の要として、心理学の素養を豊かに持つ心理学研究者・実践者が力を発揮すべきときが来たと考える次第である。

【注】

[1] リビング・ラボの多くの活動では、実際に物理的な家や施設があり、そこに人が実際に住んでいる場で活動を行うことが強調される場合が少なくない。

[2] 実際には、「使っても使わなくても自由ですが、少なくともこの期間ご自宅に置いていただき、自由に使ってください」といった教示と共に渡され、使用を強要することはしない。多くの場合、日誌法を併用し、「使ったかどうか」という記録だけはお願いしており、また「使いたくないときには使わなかった、という情報がこの調査ではとても大切です」という、調査上の意図を明確に共有することに務めている。

【参考文献】

安達悠子・原田悦子・須藤智・熊田孝恒・藤原健志 (2014)「認知的加齢と新奇な人工物利用：高齢参加者データベースに基づくユーザビリティテスト・データの分析」『認知科学』*21*(1), 83-99.

Følstad, A. (2008) Living labs for innovation and development of information and communication technology: A literature review. *The Electronic Journal for Virtual Organizations and Networks*, Volume 10, "Special Issue on Living Labs", August 2008.

原田悦子 (1997)『人の視点からみた人工物研究（認知科学モノグラフ6）』共立出版.

原田悦子 (2009)「認知加齢研究はなぜ役に立つのか：認知工学研究と記憶研究の立場から」『心理学評論』*52*(3), 383-395.

原田悦子 (2012)「みんラボ, 発進：高齢者のための使いやすさ検証実践センターについて」『人間生活工学』*13*(1), 71-74.

原田悦子・赤津裕子 (2003)「『使いやすさ』とは何か：高齢化社会でのユニバーサルデザインから考える」原田悦子（編著）『「使いやすさ」の認知科学』(pp.119-138) 共立出版.

原田悦子・須藤智（印刷中）『超高齢社会で考えるユニバーサルデザイン：つくば型リビング・ラボの挑戦』ちとせプレス.

原田悦子・日根恭子・南部美砂子・須藤智 (2015)「第5章 業務電子化が引き起こす疑似越境とその修復：電子カルテ障害カンファレンスの縦断分析」香川秀太・青山征彦（編）『越境する対話と学び：異質な人・組織・コミュニティをつなぐ』(pp.109-136) 新曜社.

原田悦子・中島秀之・木見田康治 (2018)「インタビュー記事 高齢者・大学・企業の協働によるつくば型リビング・ラボの試み：みんラボの挑戦」『サービソロジー』 *5*(3), 22-26.

Mori, K., & Harada, E. T. (2010) Is learning a family matter?: Experimental study of the influence of social environment on learning by older adults in the use of mobile phones. *Japanese Psychological Research, 52,* 244-255.

内閣府 (2017). 科学技術基本計画 . (https://www8.cao.go.jp/cstp/kihonkeikaku/ 5honbun. pdf)

西尾好司 (2012)「Living Lab（リビング・ラボ）：ユーザー・市民との共創に向けて」『富士通総研（FRI）経済研究所 研究レポート』395.（http://www.fujitsu.com/downloads/ JP/archive/imgjp/group/fri/report/research/2012/no395.pdf　2016年3月31日確認）

Norman, D. A. (2013) *Design of Everyday Things: Revised and expanded.* New York: Basic Books. London: MIT Press.〔岡本明・安村通晃・伊賀聡一郎・野島久雄（訳）(2015)『誰のためのデザイン？：認知科学者のデザイン原論　増補・改訂版』新曜社.〕

須藤智・原田悦子・田中伸之助・安達悠子・日根恭子 (2014)「高齢者によるタブレット型端末の利用学習：新奇な人工物の利用学習過程に影響を与える内的・外的要因の検討」『認知科学』*21*(1), 62-82.

Tanaka, S., Sugimoto, M., Koyama, A., & Harada, E. T. (2016) Two times usability testing before and after 2 weeks usage of skin care cosmetics: What can this method tell us about older adults' problems to use daily life things? *Cognitive Ageing Conference 2016*, Atlanta GE, USA. April 2016.

富田瑛智・山本真之・小栗崇治・石川貴洋・須藤智・原田悦子 (2018)「高度な自動支援システムの長期間の学習にみる多様性：自動支援システムにおけるモード切替の学習を中心にして」『日本認知科学会第31回大会発表論文集』81-86.

終章 心理学と心理学人材を
より良く活かしていくための留意点

小俣 貴宣（ソニーグループ株式会社）

1 はじめに

　本書では、はじめに心理学とはどのような学問かを解説した後、第2章では、受け手により質の高い経験を提供するためのアプローチの一つとして人間中心設計について解説した。続く第3章では、人間中心設計の推進において、心理学がいかに関与し貢献しうるかを論じた。そして第4章では産業や社会のさまざまな分野における心理学の活用事例を紹介した。

　心理学には、製品やサービスの創出に向けた実践における問題解決に向けて有用な知識やアプローチが数多く内在されている。そして心理学は、そうした問題解決場面において心理学を効果的に活用することのできる人材の活躍をもって、製品やサービスの創出に向けた実践における有用性が認められていく。しかし残念なことに、今現在、製品やサービスの提供を行っている我が国の企業において、心理学を積極的に活用する組織や心理学を専門とする人材が活躍する機会は多くはないのが実情であろう。企業が製品・サービスを創出する大きな目的の一つは、それらを介して受け手に良質な経験や価値を提供し、その対価として利益を得ることである。製品やサービスの創出に向けた実践が、人の心理や行動に深く関与する活動であるにもかかわらず、

そこで人の心理や行動の特性を専門的に扱う心理学が十分に活用されないのは、優れた製品やサービスの創出に励む企業にとっての損失であると言えないだろうか。

　ここでは、心理学の専門知識や方法論を適切に活用し、顧客やユーザの理解を深め、製品やサービスの創出に向けた実践において顧客やユーザの情報を適切に統合していくことを担う人材を「心理学人材」と呼ぶ。心理学人材は、顧客やユーザの視点に根ざした製品やサービスの創出に貢献し、さらには競争力のある製品・サービスを効果的かつ持続的に産出する経営資源としての活躍が期待できる。しかしこれらの点を実現するためには、心理学人材が自身の能力を高め、そのパフォーマンスを発揮することはもちろんのこと、心理学人材のパフォーマンスをより良く発揮させるための運用体制や環境といった仕組みを構築することや、それに関係する人たちに実践場面で心理学を活用していくことに関する理解を深めてもらうことが必要である。

　本章では製品やサービスの創出に向けた実践において、心理学、ならびに心理学人材のパフォーマンスを効果的に発揮させるために留意すべき点について論じる。2節では、製品やサービスの創出に向けた実践に従事する担当者やマネジメント層が、心理学や心理学人材に関して最低限理解しておくべき基本的な点について触れる。この点を踏まえ、3節では企業など、心理学人材を雇用する製品・サービスの送り手の観点から、4節では心理学人材自身の観点から、それぞれにおける留意点について論じる。続く5節では、心理学人材を輩出する代表的な教育機関としての大学において、将来、産業や社会での活躍が見込まれる人材を輩出するためにどのような教育を行うべきか、筆者なりの考えを論じる。最後に、心理学研究と製品やサービスの創出に向けた実践との相互連携への期待について述べる。

2　心理学が取り込まれた製品・サービスの創出に向けた実践に関与する人たちが理解しておくべき点

　はじめに、製品・サービスの創出に向けた実践に心理学を取り込む際、実践の質を高めるために、それに関与する送り手側の人たちが前提として理解しておくべき 3 つの点について触れておきたい。

2-1　心理学の特性

　第 1 章から再度引用するが、基礎科学としての心理学は、心と心のはたらきを研究対象の中心に据え、人文学的な「心とは何か」という疑問から出発しつつも、他の自然科学領域、社会科学領域の方法を自在に駆使して、実証的、検証可能な形で心の実態に迫る学問である。と同時に、心理学は基礎研究から得られた知見を社会の各方面へ応用することを目指す実践的な学問でもある。

　心理学と聞くと多くの人はカウンセリングや自己啓発、性格診断などを思い浮かべるかもしれない。しかし、こうした領域は広範な心理学研究の一部にすぎない。たとえば工学分野に機械工学や情報工学といった多様な研究領域があるように、心理学にも認知心理学、社会心理学、発達心理学、臨床心理学などさまざまな研究領域があり、領域間の共通性を残しつつも、それぞれの領域において実に多様な理論構築や方法論の開発がなされている。

2-2 学術研究における心理学と製品・サービスの創出に 向けた実践における心理学との違い

製品やサービスの創出に向けた実践において心理学を活用していく上で、学術研究における心理学と実務における心理学の間にはその目的とアプローチにおいて大きな違いがあることを認識しておく必要がある。

まず学術研究における心理学であるが、その大きな目的の一つに普遍的な真理の追求が挙げられよう。実験心理学の研究のアプローチを例に説明すると、多くの研究では、特定の状況下における人の心のはたらきや行動について、研究者の疑問や関心、あるいは知的好奇心に端を発し、関連する先行研究の調査、あるいは小規模な実験を探索的に実施するなどして、研究の対象としている現象をより良く説明しうる仮説を試行錯誤的に構築していく。その後、仮説の検証に必要なデータを収集するための実験の内容を具体化する。そして具体化した実験の計画に基づき実験を行い、得られたデータの分析や解釈を通じて仮説の検証を行う。その結果、仮説を支持するデータが得られなければ、その原因を深く掘り下げ、実験の修正や仮説の再構築を行う。

心理学研究は、一般に、以上のような試行錯誤的で実証的なアプローチを通じて、特定の状況下における心のはたらきや行動について科学的な解釈を導出することや、より深く理解することを目指している。そこでは科学としての厳密さが求められることから、特に学術論文などの発表においては研究成果の妥当性や信頼性を示すため、導出した解釈や結論に至った根拠やその手続きなどを論理的に説明することが求められる。こうして蓄積された研究成果はやがて体系化され、特定の心のはたらきや行動に関する理論へと発展していくのである。

一方、製品やサービスの創出に向けた実践における心理学は、人の

心理や行動をより深く理解するという点においては目的を同じくするが、実践において特に重視されるのは、調査などを通じて得られた人の心理や行動に関する情報を製品やサービスの創出に向けて活用していくことである。それ故、実務においては、学術研究において求められるような厳密さを追求するよりも、より良い製品やサービスの創出への貢献を念頭に置きつつ、担当業務において心理学を効果的に活用していく姿勢やバランス感覚が求められる[1]。製品・サービスの創出に向けた実践において心理学を効果的に活用していく上で大事なのは、純粋科学的な「学問知」と実践における「フィールド知」を相互連携させることであり（日本学術会議心理学・教育委員会, 2014）、その実現のためには、心理学に関する一定の専門性とある程度の実務経験を有する心理学人材の活躍が不可欠である。

2-3 製品やサービスの創出に向けた実践に心理学を活用することの効用

　企業で用いられる心理学というと、人事部門における職務適正評価や業務のパフォーマンス評価、また企業内カウンセリングなどを思い浮かべる人が多いのではないだろうか。しかし、これまで論じてきたように、心理学は製品やサービスの創出に向けた実践との結びつきも強い。本書第4章や熊田（2015）などでも紹介されているように、心理学は製品やサービスの企画、開発・設計、品質評価、マーケティングなど、さまざまな分野において幅広く活用されている。

　心理学にはこのような側面があるにもかかわらず、その効用が多くの人々に知られているとは言いがたい。それはなぜだろうか。ここでは芳賀（2005）を参考に考えうる3つの理由を挙げる。

　第1点は、市場に流通している製品やサービスから心理学の貢献を直接的に感じ取ることが難しい点である。工学やデザイン、あるいは

法学といった、産業や社会とのつながりが比較的想像しやすい分野と比べると、心理学はその特性上、そのつながりが想像しづらいと言える。実際のところ、製品やサービスの外観や使用過程から心理学の貢献を実感することは、特に一般の人々にとって容易ではないだろう。第2点は、有効なアプローチや成功を収めた事例は競争相手に知られない方が望ましいことから隠匿されがちであり、それ故に世の中に広まりにくいと考えられる点である。第3点は、心理学の正しい理解に基づき、心理学を製品・サービスの創出に向けた実践に活用できる能力や経験を有する担当者が不足していると考えられる点である。たとえば、心理学を活用した成功事例やそのアプローチを知り得たとしても、用いた方法や結果そのものの意味を正しく理解するためには、心理学の専門性が必要とされる。また、そうした事例を自身の問題解決に役立てるためには、そのようなアプローチが採用された背景やそれに従事した担当者の考えなどを考察し、推測できることなども必要であり、そのためには心理学の専門性に加え、実務経験なども不可欠であろう。見方を変えれば、製品・サービスの創出に向けた実践にこうした専門性や経験を有する担当者がいなければ、実務における心理学の効果的な活用事例は産出されにくく、されたとしてもせいぜいありきたりなレベルにとどまってしまうだろう。

3　心理学人材を雇用する送り手側の観点から

　本書第4章では、産業や社会における心理学のさまざまな活用事例を紹介したが、このような事例や効用を見聞きしたことで、実務での心理学の活用に興味を持つ人たちや、その導入を検討するマネジメントが現れるかもしれない。しかしその導入を効果的なものにするためには、心理学を表面的に導入する、あるいは単に外部から同様な仕

事を推進できる人材を雇用するだけでは不十分である。受け手の主観的な経験の質の向上を志向した製品やサービスの創出に向け、心理学、ならびに心理学人材の強みを活かしていくためには受け手の特性やニーズといった、その取り扱いに心理学が深く関与する情報を、創出に向けた実践において効果的に統合していくプロセス（以降、簡略化のため「経験価値志向プロセス」と呼ぶ）を構築することが必要ではないだろうか。そしてもちろん、心理学人材自身もそのプロセスの中でその強みが発揮できるよう努力し、さらなる貢献に向けて必要な知識を獲得していく必要がある。また心理学人材のみならず、プロセスの推進に関与するマネジメントや他の担当者たちも、そうしたプロセスが必要とされる理由や、心理学、並びに心理学人材の仕事について、理解を深めることが求められよう。

　本節では、上述した経験価値志向プロセスについて論じ、続いてこのプロセスに従事する担当者やマネジメントに向けた教育について論じる。その後、こうしたプロセスを推進していく上で無視できない、心理学人材の募集と採用、そして心理学人材の人事評価に関する留意点について論ずる。

3-1　経験価値志向プロセスの構築

　経験価値志向プロセスは、従来の生産を中心に沿えた企画や開発の在り方とは異なり、製品・サービスそのもの、さらにはそれらの性能や仕様ではなく、創出した製品・サービスを購入し、使用する受け手の主観的な経験に焦点をあて、製品・サービスの創出を推進していく数々の実践である[2]。そこでは、想定する受け手のニーズや特性、日々の生活や仕事などを深く理解することはもちろんのこと、製品やサービスの創出に向けた実践において、そうした受け手の視点を効果的に反映させていくことが重要である。

これまでも顧客やユーザのニーズや特性を製品やサービスに反映させることを意図した取り組みが行われてこなかったわけではない。実際、顧客のニーズの探索や予測のためのマーケティングリサーチ、製品の利用状況やユーザの生活実態を調べるための調査、試作品や製品の使いやすさを検証するためのユーザビリティテストなどは、これまでも数多く行われてきている。事実、そのような調査や評価に関する業務を受託している専門の企業も少なくない。また、実際の業務を推進しているデザイナーやエンジニア、マーケターも顧客やユーザの視点をまったく無視して日々の業務に臨んでいるわけではないだろう。社外の顧客やユーザを対象とした調査を実施するに至らなくても、担当者の間では購入場面や使用場面における便益や問題点についての考察や議論をしているはずである。

　このように受け手の特性やニーズを製品やサービスに反映させようという取り組みがなされているにもかかわらず、時に市場に受け入れられない、あるいは使いにくい製品やサービスが提供されてしまうのはなぜだろうか。その原因はいくつか考えられるが、製品・サービスの創出過程における受け手の特性やニーズといった情報の取り扱い方、部門間連携の在り方、そして担当者の遂行能力などに起因する問題が考えられよう。たとえば顧客やユーザの理解を意図した調査などを行ったとしても、そこから製品・サービスの創出に資する情報を得ることができなければ実質的に意味をなさない。また、調査を通じて得られた情報の信頼性が十分かどうかを、導出に至った過程も含めて判断できるか、そして何より、得られた情報が製品・サービスの創出に向けて有益なものかどうかを見極められるか否かも、大事なポイントである。さらに、調査の成果が、顧客やユーザのニーズや課題を的確に捉えることができ、かつそれが有益な情報であったとしても、企画や開発など、その後の活動において効果的に反映できなければ、やはり実質的に意味をなさない成果と見なされてしまう。他にも、具体

化された試作品やプロトタイプ、さらには最終的な製品やサービスが、受け手にとって有用なものであるか、換言すれば受け手の情報が反映できているかどうか、受け手の視点から評価できるかどうか、そして仮に問題が見られた場合は改善に向けて適切な対策ができるかどうかも大事なポイントである。

　こうした問題を現場の担当者やマネジメントの能力や努力不足だと結論づけるのはたやすい。しかし、より根本的な原因は、計画・企画の立ち上げから最終的な製品やサービスの具体化に至るプロセスが、受け手に関する情報を効果的に統合していくようになっていない点ではないだろうか[3]。創出に向けたプロセスがこのようである限り、たとえ有効な活用が見込まれる受け手の情報が得られたとしても、うまく流通せず、製品やサービスに反映することができない。したがって、受け手の特性やニーズなどの情報を、製品やサービスの創出に向けた実践に効果的に結びつけることのできる経験価値志向プロセスを、俯瞰的な視点から構築すること、そしてその推進を担う能力や経験を有する人材が必要であろう。創出した製品やサービスが実際に受け手に受け入れられるかどうかは不確実であり、保証されるものではない。しかし、適切なプロセスを構築し導入することができれば、その成功確率が向上するだけでなく、製品やサービスを新たに創出する際の汎用的な活用、進行状況の把握や問題が発生した場合の原因の特定、さらには、現場担当者にとっての業務遂行上の道しるべとして機能することなどの効果が期待できる[4]。

　では、そのようなプロセスはいかにして構築しうるだろうか。人間中心設計プロセスは受け手の特性や要求を製品やサービスの創出に向けた実践に統合していく基礎的な枠組みと考えられることから、その基本的な考え方は経験価値志向プロセスを新たに構築する上で参考になるだろう。しかし、構築の仕方は一律に決められるとは言いがたい。そもそも製品開発のプロセスは「マニュアルに沿って一本の決め

られた道をたどるというよりも、紆余曲折を経ながら様々な問題をその度に解決していく過程」(延岡, 2002)であり、定石はない。新たなプロセスの構築の仕方や組織への浸透のさせ方は、組織の規模や構造、業種や業態、受け手の視点を製品やサービスの創出に向けて取り入れることに対する経営層の姿勢やこうした考え方に関する組織の成熟度、組織の文化などによって異なる。また、すでに市場に提供している既存の製品・サービスを対象とするのか、あるいはまったくの新規のものなのかによっても、構築の仕方が異なるだろう。それ故、特定の目的に対して構築された既存のプロセスを無反省に導入するのではなく、組織の実情に即した独自の経験価値志向プロセスを構築し、継続的な改善を行っていくべきであろう。

3-2 経験価値志向プロセスの推進に携わる関係者に対する教育

経験価値志向プロセスを導入するにあたり、その推進に携わるマネジメントや担当者たちに、その狙いや意義、そしてその中で心理学や心理学人材が果たす役割について理解を深めてもらうことは、経験価値志向プロセスを効果的なものにしていく上で大事な観点である。なかでも、受け手についてより深く理解することと、その理解に基づく解決策の創出は、経験価値志向プロセス全体を支える柱の一つであり、心理学、ならびに心理学人材が深く関与する活動である。そのため、経験価値志向プロセスの推進に関与する担当者やマネジメントは、程度の差はあれ心理学や人間中心設計の基本的な考え方について学んでもらう必要がある。以下では、経験価値志向プロセスに携わる関係者全員、心理学人材をマネージする人材、そして心理学人材、それぞれに対する教育について論ずる。

（1）経験価値志向プロセスに携わる関係者全員に対する教育

　経験価値志向プロセスに携わるすべての担当者には、担当する業務を効果的に進めてもらうために、本章2節で論じた3点に加え、経験価値志向プロセスを導入する狙いや意義、そしてその内容について理解してもらう必要がある。

　これまで論じてきたように、この経験価値志向プロセスは、単に心理学や人間中心設計の知識のある人材が参画すればよいというものではなく、それに関与する部門の担当者やマネジメントが、その意義や内容を理解し、心理学人材をはじめとする他部門の専門家たちと協調しながら受け手の視点を製品やサービスに統合していく姿勢がなければ望ましい成果は期待できない。したがって、担当者への教育においては、関連する知識や業務内容を形式的に伝えていくのではなく、なぜこのような経験価値志向プロセスを導入する必要があるのか、導入することによってどのような利点があるのか、経験価値志向プロセス全体を構成する活動の内容とそれぞれの活動間の関連性をきちんと理解してもらう必要がある。また、この経験価値志向プロセスを導入することにより、心理学人材、ならびにそうした人材を擁する部門との交流機会が増加するため、そうした部門が一体どのような部門なのか、そしてどのような成果をもたらすのか、自分たちの仕事にはどのように関与してくるのかを理解してもらい、その上で自分たちが仕事において何をすべきかを考える機会を設けるとよいだろう[5]。

　こうした内容を共有していくための方策の一つとして、経験価値志向プロセスの構築に携わった担当者による説明会など、直接説明をする対話ができる機会を設けるとよいだろう。説明を受ける側には、心理学や人間中心設計について馴染みのない担当者も含まれているはずなので、理解の程度に応じ、心理学や人間中心設計に関する実務経験が豊かな社内外の講師による研修などの機会を提供できるとよいだろう。

（2）心理学人材のマネジメントを担う人材に対する教育

　心理学人材のマネジメントを担う人材は、必ずしも心理学や人間中心設計の専門家である必要はないが、少なくとも上記（1）で論じた点に加え、心理学や人間中心設計の基礎的な内容について理解しておく必要がある。

　心理学人材のマネジメントを担う人材には、心理学人材の能力や適性を把握し、より良い製品やサービスの創出に向け、適切な業務をアサインすることや、直面する課題の解決に向けて必要なリソースを確保すること、さらに心理学人材が抱える実務上の問題についてその対策を共に考え、解決に向けて導いたり、心理学人材の業務の推進を阻む障害を取り除くよう努めたりするなど、心理学人材を勇気づけ、業務におけるパフォーマンスが十分に発揮できるよう努めることが求められる。

　また心理学人材のワークスタイルや仕事の内容が、一般的なオフィスワーカーとは異なる側面があることを理解しておく必要がある。たとえば、社外でのフィールドワークの実施、調査を実施するにあたり調査協力者の都合に合わせるため休日の勤務が発生すること、データ解析のためのソフトウェアの購入や管理、個人情報の管理、人を対象とした調査における倫理面の配慮など、受け手に関する情報を取り扱うが故の業務が発生する。マネジメントをする人材は、こうした特異性を理解し、戸惑うことなく彼らの業務を支援することが求められる。

　心理学人材を擁する部門が存在する意義や組織に対する貢献を経営層や他部門に対して情熱をもってアピールしていくことも大事な任務である。これは特に心理学や人間中心設計の概念や考え方が浸透していない組織において重要な活動である。より良い製品やサービス、そして質の高い経験を提供しようという意欲や情熱を持たず、心理学や人間中心設計に関する関心や理解がないまま、単に業務管理のみを行うのでは、心理学人材の業務内容やパフォーマンス、彼らからの提案

やその意義を正当に評価できないため、結果として経験価値志向プロセス全体に悪影響を及ぼしかねない。関連部門、さらには組織全体に対して、自部門が存在する意義を理解してもらうため、部門の使命や他部門に対して貢献できることなど、可能であれば実績と共にまとめておくとよいだろう[6]。その際、経営の課題との結びつきを示すよう留意すべきである。すなわち、心理学人材を擁する部門の存在が、経営が抱えるさまざまな課題に対して、解決に向けどのように貢献しうるのか、その見通しや実績が示せるとよい。時に貢献の程度を示すことを求められるケースがあるが、そのような場合は自らの業務のパフォーマンスを何かしら定義し、それを数値化するなどして、既存の方法や他部門などと比較することでその優位性を示せるとよいだろう。一般に、成果が見えづらく不確実性の高い活動に対する投資は敬遠されがちである。それ故、特に心理学人材の仕事があまり周知されていない段階では、部門のマネジメントは心理学人材と共に部門のアピールに力を注ぐ必要があるだろう。

　心理学や人間中心設計の学習については、テキストの活用や座学研修の受講も悪くはないが、それらのアプローチを自身で実践できるものが望ましい。テキストや座学だけでは、実世界におけるありありとした人の心理や行動を調べることや取り扱うことの難しさや留意点を知ることは困難であると考えられるためである。それ故、心理学人材のマネジメントを担当する人材には、該当分野における実務経験があることが望ましい。そのような経験に乏しい場合は、マネジメント職を担当する前に、製品やサービスの創出に向けた実践において、心理学や人間中心設計に関する知識を実際に活用する機会を持つとよい。またマネジメント職とはいえど、心理学や人間中心設計に関するトレンドや、より有効な方法論やアプローチについてある程度知っておく必要があることから、そのような情報が得られる社内外の会合にはできる限り参加し、情報収集に努めるべきであろう。

なお、心理学人材のマネジメント職の重要な業務の一つに心理学人材の人事評価が挙げられるが、この点に関しては本節3-4において詳しく論ずる。

(3) 心理学人材、およびその候補者に対する教育

　心理学人材を育成するケースを大別すると、心理学を専門とする人材を採用し育成するケースと、社内の技術者やデザイナーなど、元々心理学を専門としていない人材を心理学人材として育成するケースの2つが考えられる。実践において心理学を効果的に活用していくためには、心理学の基礎的な知識はもちろんのこと、そうした知識を実践場面で使いこなせる能力やスキル、そして一定の実務経験が必要である。それらは一朝一夕には習得できないことから、いずれのケースにせよ、自立的に実務をこなせるようになるまでには多少なりとも時間がかかるという認識が必要である。

　専門性の有無という点では、大学院などで心理学を専攻した人材を採用することが手早いと感じられるかもしれない。しかし、そうした専門知識を実務における問題解決に効果的に活用できる能力や、特定の組織においてそのカルチャーなども踏まえつつ、他部門の担当者たちと共に業務を推進していくことのできる、いわゆる現場の知識を獲得することは容易ではない。むしろ、このような能力や知識こそ実践を効果的に進めていく上で大事であることから、今日の多くの日本企業においては、心理学とその活用に関心のある、あるいは適性のありそうな社内の人材を対象に教育を施し、それらの人材の実績が出てきた段階で、専門教育を先に受けた人材を少しずつ補充していくのが現実的ではないだろうか。以下では、主として心理学人材としての適性が見られる社内の人材を対象とした教育について解説する。

　心理学を本格的に学んだことのない人材を心理学人材として育成するにあたり、その初期の段階では、（1）で論じた経験価値志向プロセ

スに携わるすべての担当者を対象とした研修や、社内外の心理学や人間中心設計の専門家による研修などを受講する機会を提供し、心理学や人間中心設計の基礎を習得させるとよい。また（2）でも論じたが、座学だけではなく実践を伴う機会を提供することも大事である。学んだ知識を実践における問題解決に活用することを実際に行い、そこで考案したアプローチや、その結果得られた知見などに対して、専門家からフィードバックを得るとよいだろう。また、こうした実践的な知識の習得と並行し、製品やサービスの創出に向けた実践において、人間中心設計や心理学が必要とされている背景や意義について理解を深めること重要である。

　自身の専門領域と心理学との違いを理解してもらうことも大事である。特に自然科学系の領域と心理学とでは、研究対象の違いはもちろんのこと、その考え方やアプローチなどにおいても少なからず違いがある。他にも、主に取り扱う対象がモノではなく人になることから、顧客やユーザについて調べるため社外に出向く機会がしばしばあることや、個人情報の管理や人を対象とした活動を推進するが故の倫理上の問題と対峙する必要性が生じるなど、これまでとは異なるワークスタイルになる可能性がある。それ故、実際に業務を遂行する際に困惑しないよう、従来の仕事との違いについて知ってもらう場を設けるとよいだろう。

　心理学研究のアプローチや考え方を学ぶという点では、実践で直面している課題を対象に、大学などの研究機関と共同研究を行うのも一つの手である。心理学を専門とする研究者と共に研究を進めることで、心理学研究の考え方やアプローチを習得することが期待できる。しかし、共同研究を双方にとって実りある成果につなげるためには、開始前に推進上の枠組みについて十分な検討をしておく必要があるだろう。まず何より、適切な共同研究テーマの設定が大事である。多くの場合、実践上の課題解決がテーマ設定の動機となると思われるが、これはあ

くまで企業側の課題であり、当然のことながら研究機関側の課題ではない。企業側が共同研究の費用をすべて出資するとしても、企業側の事情や都合を主張するだけでは研究機関にとって実りある共同研究にはなりにくい。共同研究テーマとして適切なのは、双方で同じ研究に取り組みながらも、たとえば企業にとっては実践における課題を解決するための有益な知見や方法論、研究機関にとっては学術論文など、それぞれにとって有用な成果に結びつくようなテーマであろう。テーマ設定や期待される成果の他にも、連携する研究機関や研究者の選定、その予算や計画、また機密情報の取り扱いなども検討する必要がある。こうした検討を十分に行わずに共同研究を開始したとしても、双方にとって良い成果は得られないであろう [7]。

　繰り返しになるが、研修などを通じて基礎的な知識を習得させた後は、実際の業務を通じて実践的な知識や方法論を習得させるとよいだろう。では、このような知識を効果的に習得させるためには、どのような業務が適切であろうか。これに関連し、黒須他（1999）は、ユーザビリティエンジニアの育成の要件として、説明と理解が伴うプロジェクトへの参加が欠かせないと論じている。ユーザビリティエンジニアとは、製品やサービスの使いやすさを向上させるために、関係する他部門と協調しながら、ユーザビリティテストなど使用上の問題の発見や診断を行うための効果的で実現性のある方法を企画・立案し、それを実施する専門家である。ユーザビリティエンジニアは自身の業務を進めていくにあたり、評価結果としての問題点を依頼主に報告すればよいのではなく、プロジェクト計画や評価結果を、専門領域の異なるデザイナーや開発者にも理解できるように表現し説明して、成果を共有できるようコミュニケートする役割を担う。ユーザビリティエンジニアに限らず、このようなプロジェクトへの参加を通じた人材育成は、心理学人材の育成においても、まさに実践的な知識の獲得に向けた良い学習の機会になるだろう。なぜなら心理学人材も、人を対象

とした調査など、心理学の専門性を直接的に活用できる業務に限らず、経験価値志向プロセスに関与する他の専門家たちと効果的にコミュニケーションを図りながら、さまざまな実務において受け手の情報を統合させていくことが求められるからである。また、このような説明と理解が伴うプロジェクトへの参加にあたり、心理学人材の判断や行動に対して、適切なタイミングで説明を求め、教育的観点から的確な助言を与えることのできる経験豊富な指導者が参画していることが人材育成の観点では必須であろう。こうした説明の機会は、心理学人材に自身の判断や行動に対する内省を促し、批判的思考や他者に伝達する能力を育む効果が期待できる。関連して、その場の口頭による報告、スライド等を用いたプレゼンテーションにとどまらず、報告書を執筆させることも論理的な思考や説明をするための能力を鍛錬する上で効果的である。

　経験価値志向プロセスにおいて、心理学人材がより良く貢献していくためには、心理学の専門性や上述した実践的な知識や経験の他にも多様な知識やコンピテンシーの獲得が必要とされる。これまで繰り返し論じてきたように、心理学人材には受け手をより良く理解することや、その理解に基づき、受け手の視点を製品やサービスの創出に向けたさまざまな実践の中に効果的に統合していくことが求められることから、心理学の専門性はもちろんのこと、人間工学や人類学など心理学の周辺領域の専門知識、企画や開発、品質評価など関連する部門の業務に関する知識、取り扱う製品・サービスに関連する技術領域や市場に関する知識、そして所属する企業の特徴や文化についての知識などが必要とされよう[8]。また能力としては、基本的なビジネススキルでもあるが、実務における問題発見能力や解決能力、批判的思考力、論理的思考力、共感力などに加えて、業務遂行上他部門との連携がきわめて重要であることから、コミュニケーション力（この点に関しては、4–2で詳述する）やリーダーシップなども挙げられる。他にも倫

理的な態度、実世界における人間行動に関わるさまざまな現象について日頃から注意深く接する姿勢なども大切である。

　心理学人材の育成に着手するにあたり、リーダーや担当者などのように、専門性の程度や担当する業務の難易度に基づくクラスを定義し、それぞれのクラスにおいて求められる専門性や能力、コンピテンシーを職務記述書としてまとめておくとよいだろう。これが明示されていることにより、育成する対象者の現段階の達成度の把握や他のクラスとの比較を行うことができ、教育を施す際の指針や優先度を決めることができる。他にも、心理学人材にキャリアパスを提示できることも職務記述書をまとめることの利点である。企業の製品・サービスの創出に向けた実践において活躍する心理学人材は必ずしも多いとは言えないのが現状であり、それだけに心理学人材の一般的なキャリアパスと呼べるものは今のところないと言っても過言ではない。職務記述書やキャリアパスを示すことは、企業側が心理学人材に対して期待することを明示することでもある。これが示されていることで、心理学人材にとっては、今後どのような能力やコンピテンシーを強化すべきかが明確になり、また心理学人材のマネジメントにとっては、今後どのような業務にアサインすべきか、またどのような部分を強化させるべきかを検討する際の指針となる。職務記述書は人事評価においても重要な役割を果たすが、この点については 3-4 において論じる。

　心理学人材の専門性の強化に向けた施策として、社内の各部門の心理学人材が集う組織横断的なコミュニティを構築することが挙げられる [9]。そこでは、実践における心理学の具体的な活用事例、各担当者が開発した手法やツール、心理学に関する最近のトピックスなどが共有されることが期待されよう。さらには、各担当者が抱えている課題に対して解決や改善に向けた助言が得られたり、考案したアプローチや適用した手法などに対して、専門的な立場から批判的かつ建設的な議論ができるような場であると望ましい。また、心理学に直接関連

した議論だけではなく、心理学に関する活動が、該当するプロジェクトに対してどのような影響を及ぼしたのか、加えて、そこで心理学人材がどのような取り組みを行い、どのような結果が得られたかなど、活動全体を俯瞰的に捉えた内容が共有されるとよいだろう。共有される内容や取り扱っている対象はそれぞれ異なるものの、問題の捉え方、問題解決の方法やアプローチ、工夫などが共有され、議論されることで、自らの業務に活かせる知見が得られることが期待できる。社内のコミュニティは、社外で発表することのできない機密情報を共有できることや、近隣で仕事をしているから集まりやすいなど、同じ組織に在籍しているが故のアクセスの良さもメリットとして挙げられる。

　他にも心理学やその周辺領域の研究者や専門家が集う国内外の学会や研究会などで発表することを推奨したい。機密情報の点から開示できる内容は限られるだろうが、心理学人材が実務において自ら考案した調査の設計や分析方法などについて、当該分野で活躍する第一線の研究者から意見を得、時に批評される機会を持つことは、心理学人材が社外でも通用する高度な専門性を獲得する上で有益である。加えて、当人が気づかなかった問題点を指摘してもらえたり、別のアプローチを提案してもらえたりする利点もある。学会などで発表することの効用として、心理学人材の専門性の強化の他に、その学会に参加している学生や研究者とのネットワーキングも挙げられる。また、論文として採択されるなど、学術的な取り組みが学会で評価されたとすれば、企業の側でもその心理学人材の専門性が評価されることにつながり、その後の心理学人材の仕事に良い影響を与える可能性がありうる。そして何より当人の自信にもなるだろう。

3-3　心理学人材の募集と採用

　製品やサービスの創出に関する業務に限らず、一般に、企業が心理

学を専門とする、あるいは専攻していた人材を特定して募る機会は、新卒、中途ともに少ないのが実状であろう。心理学の専門性が必要とされる業務が顕在化している場合は、その業務に対する人材の募集の検討がなされるケースがあるがそれは稀であろう。我が国の企業においては、ある専門性に特化したスペシャリストよりも、仮にその業務や所属組織がなくなったとしても別の業務を遂行できるジェネラリストが歓迎される傾向がある。特に心理学人材の仕事の成果は、心理学に馴染みのない人にとって比較的わかりづらく、応募者が仮に実績のある人材であったとしても、採用において慎重になりがちである。その結果、心理学人材の活躍や心理学を活用することの効用を知る機会がますます減少し、結果として、いつまでたっても実務で活躍する心理学人材が増えないという悪循環をもたらすことになる。しかし、本書で論じてきたように、近年、受け手の主観的な経験が重視されるようになったことは、心理学人材が活躍する機会の増加につながる可能性を秘めており、こうした悪循環を解消する転機になりうる。

　心理学人材の募集にあたり、対象の業務内容の状況の把握や分析に基づき、どのような点を強化する必要があるか、そしてすべきかを検討し、その上で採用する人材にどのような成果や貢献を求めるか明確にしておく必要がある。これは候補者に対して採用する側が求めることを明確に伝えるため、そして採用に携わる担当者の間で採用の基準を明確にするため、そして適切な人材を採用するために重要な最初のステップである。また募集の方法も重要な検討事項である。人事部門などが管理している既存の採用ルートを活用するのもよいが、高度な専門性が求められるポジションであれば、関連する専門分野の研究に従事している大学教員や研究者への相談や、学会に参加するなどし、候補所と直接コンタクトするのも手である。新卒の学生が対象であれば、採用において企業側が求めていることや仕事の内容をより良く知ってもらうため、インターンシッププログラムの実施や、大学の

授業や学術的な研究会などのゲストとして実務に携わっている心理学人材が講義を行う機会を持つなども有効であろう。いずれにせよ、強化したいポイントや求める人材像を明確にすることにより、求める人材にアプローチするための適切な方法が見えてくるだろう。なお、募集において意図した候補者を集め、その中から適任者を選び出すため、募集を立案する担当者はもちろんのこと、採用に携わる人事部門などの担当者も、心理学人材を採用する意義の理解や心理学に関する基礎的な知識を学んでおくことが望ましい。

3-4 心理学人材の人事評価

　人事評価の制度や方法は企業によってさまざまであるが、一般的には、担当した業務の成果や質、組織への貢献度、役職に求められる能力やコンピテンシーの達成状況などに応じ、総合的に、ある程度客観的な指標に基づき行われるのではないだろうか。心理学人材も基本的に同様に行われるが、その業務内容は（今のところ）特殊であるが故に、正当な人事評価を行うためには注意が必要である。ここでは心理学、そして心理学人材の業務や組織に対する貢献がよく知られていない企業や組織において、心理学人材に対する人事評価を適切に行うための4つの留意点について論じる。

　第1点は、職務記述書の内容を明確にすることである。職務記述書は、担当者の業務のパフォーマンスを評価する際の基準、そして給与の決定やプロモーションのための根拠として活用することができる。他にも、不足している能力やコンピテンシーを特定し、今後の育成やキャリアプランを考える際にも有用である。評価を行う側は、職務記述書を参照しながら、現在取り組んでいる業務やその質に対する適切なフィードバックと今後強化すべき能力やコンピテンシー、習得すべきスキル、そして今後のキャリアパスなどを提示できるとよいだろう。

第2に、適切な人事評価とフィードバックを与えることができる人材の育成である。仮に心理学人材が活躍できる適切な機会が提供され、その専門性を発揮できたしても、そのパフォーマンスや成果が正当に評価されなければ仕事に対する意欲の減退につながりかねない。正当な人事評価とそれに基づいた適切なフィードバックを与えることは、被評価者の仕事に対するモチベーションやパフォーマンスの向上に関係する重要な業務である。そのため、上記の職務記述書の内容や心理学人材の実際の仕事の内容と質をきちんと理解し、その上で適切な評価や助言ができる人材が必要である。とはいえ、会社や組織において、このような心理学人材のパフォーマンスを正当に評価でき、適切なフィードバックを与えることのできる人材は必ずしも多くないのが実状であろう。それ故、評価する側もまた、心理学の専門性や多様性について学ぶことが求められよう。心理学の専門性を要する業務において、心理学人材の創意工夫や革新性を理解できなければ、彼らは組織の中で孤立してしまいかねない。心理学人材は実務上の制約条件を考慮しながら、調査の計画や内容の具体化、データの取得方法、解析手法などそのつど最適な方法や進め方を考案することが求められるが、評価をする側は少なくとも、このような専門性、そして創意工夫や試行錯誤の中身を理解できる必要があるだろう。

　また、ある実務において求められる心理学の専門知識が、担当する心理学人材の専門知識と一致しないケースがありうる。たとえば聴知覚を専門とする心理学人材が、人を対象とした研究に従事した経験があるという理由で、ユーザビリティの評価に関する業務にアサインされるなどのケースである。実際、このようなケースは心理学人材がわずかしかいない組織において散見されるのではないだろうか。このような場合、心理学の専門家としての成果を期待されたとしても、限られた時間の中で期待される成果を挙げることは容易ではない。もちろん、心理学の基本的な手続きや方法論には領域を超えて共通している

部分もあり、また、新たな知識を絶えず獲得していくことは専門家として大事なことであるが、評価する側は、適切な評価に向け、心理学の領域の広さや多様性、そしてそれぞれの特定領域における特異性があることを理解することが大事である。この点は、心理学人材の業務のアサインにも関連する課題であろう。

　3点目は、他の職種の成果との違いを踏まえた人事評価をすることである。本章2–3でも論じたように、心理学の仕事の成果は、その特性上、工学やデザインなどの領域と比較すると、市場に提供されている製品やサービスの外側から具体的に見えにくい。製品やサービスの創出を生業とする企業において、市場に提供される製品やサービスという最終形に対して、直接的で具体的な貢献した人材や組織が高く評価される傾向が一般論としてあるのではないだろうか。そのような企業風土において、調査や評価などの業務を担当することが多い心理学人材は、そこで優れた方法論やアプローチを考案し、製品やサービスの創出に資する調査報告を行ったとしても、最終成果物をサポートする業務と捉えられがちで、その成果が過小評価されるケースが少なくない。たとえ仕事の成果が製品やサービスから直接的に感じられにくくとも、その創出に向け多大な貢献をしたのであれば、その成果や努力は適切に評価されるべきである。これは心理学人材に限った話ではないが、特殊な業務に従事する専門人材に対する人事評価は、その特殊性故、実質的な成果に対する評価が容易ではない。しかし専門人材を組織の中で持続的に活かしていくためには、組織に所属する人材や業務の多様性を十分に考慮した、その組織固有の評価制度の構築が必須であろう。

　成果の違いという点に関連し、心理学人材は、商品企画部門や開発部門など、心理学は関連するが、その活用そのものが主要な業務ではない部門に在籍するケースが少なくない。このようなケースでは、専門分野が異なる人たちと混在することやそれぞれの担当業務の性質が

異なることから公平な人事評価が益々難しくなる。そのため、こうしたケースでの人事評価についても十分な検討が必要であろう。

　最後は、担当業務の枠を越えた挑戦や業務の質を高めるための改善活動などを応援し、評価することである。経験価値志向プロセスにおいて、心理学人材が担当する業務は、その特性上、人を対象とした調査や評価が中心になりがちであるが、心理学人材の仕事はこうした業務に限定すべきではない。心理学人材は、顧客やユーザの代弁者として、そして人の心理や行動の特性を良く知る専門家として、優れた製品やサービスの創出に向け、さまざまな貢献ができる可能性を秘めているからである。それ故、アサインされた業務を着実に進めることが勿論前提となるが、開発やデザイン、商品企画など、調査や評価に関連する業務への参加、さらには経験価値志向プロセスの一部ではなく全体の推進を担うなど、担当業務の越境や拡張への挑戦を奨励し、そのような取り組みが評価されるとよい。心理学人材の人事評価は、このような心理学人材のポテンシャルを引き出し、創出する製品やサービスをより優れたものにするような仕組みであることが望ましい。他にも、自身が担当する業務の質や効率の向上に関する提案や推進、業務上の創意工夫などについても評価すべきである。

4　心理学人材の観点から

　身も蓋もないが、経験価値志向プロセスを新たに構築し、既存のプロセスに置き換えて導入することは、その実践に関与する担当者たちの理解やかなりの労力が求められ、実際のところ、その導入は簡単ではないだろう。ペシミスティックな見解だが、マネジメントや他部門の理解があり、受け手の理解に関する業務にかけられる時間や予算も潤沢にあり、さらには人員や設備をはじめとするリソースが十分に

整った環境で心理学人材が仕事に臨めることは少なくとも現時点でないと言ってよいだろう。

　経験価値志向プロセスの構築やそれに伴う環境の整備は、質の高い経験の提供を志向する企業や組織にとっての課題であるが、その一方で、既存の製品・サービスの創出に向けたプロセスにおいて、実務を担当している心理学人材[10] は、組織側の変革をただ待つのでなく、自らの努力、周囲の担当者や組織への働きかけなどを通じて、受け手の主観的な経験の質の向上に向けたさらなる貢献ができないだろうか。

　本節では、製品・サービスの創出に向けた実践において、心理学人材がその強みやポテンシャルを十分に発揮し、さらなる貢献をしていくため、どのような姿勢や気構えで日々の業務に臨み、どのような点に留意すべきか、そして心理学の専門性に加え、どのような知識やスキル、能力を習得すべきか論じる。加えて、在籍する組織の中で、そして経験価値志向プロセスにおいて、その存在価値や影響力を高めるために取り組むべきことについて述べる[11]。

4–1　製品やサービスの創出に向けた実践に携わる一員として留意すべき点

　一般に、企業などの事業組織では、利益の創出や生産性の向上、顧客や株主らの期待、さらにはその企業が社会に果たすべき責任などを踏まえた経営方針が策定されている。そして、こうした企業には大小さまざまな部門が存在し、それぞれの部門には企業の成長や事業の拡大に向けたミッションや役割、責任範囲などが記された業務分掌があり、各部門に属する従業員には、基本的にその業務分掌に沿った任務や役割が与えられる。また従業員がアサインされる業務にも、その業務に関するミッションや役割が存在する。すなわち、業務を遂行する担当者には、企業、所属する部門、個人、そしてその業務に求められ

るミッションや役割が重層的に与えられていることになる。

　製品やサービスの創出に向けた実践では、異なる任務や役割を担う
さまざまな部門と担当者が相互にかかわりながら、それぞれの任務を
果たすべくアサインされた業務を推進していく。一般にそうした業務
は機能的に細分化されていることがほとんどであり、ある担当者が遂
行する業務は、往々にして製品やサービスの創出に向けた実践全体の
ごく一部になりがちであり、心理学人材が担当する業務においても基
本的に同様であろう。しかし、経験価値志向プロセスを推進していく
上で、心理学人材に機能的に細分化された一部の業務だけを担当させ
ることは、心理学人材の強みやパフォーマンスを矮小化させてしまう
と同時に、経験価値志向プロセスの効果を弱めてしまう。繰り返しに
なるが、製品やサービスの創出に向け、心理学人材が果たすべき役割
は、人の心理や行動に関する専門家として、想定する受け手に関する
情報を製品やサービスの創出に向けた実践の中に適切に反映し、統合
していくことである。それ故、心理学人材の強みやポテンシャルを発
揮させるためには、分断された一部の業務だけを担当させるのではな
く、開発や企画をはじめとする関係部門と効果的に連携させていくこ
とが肝要である。経験価値志向プロセスにおいて心理学人材が果たす
べきミッションや役割と、厳密に機能分化した業務において求められ
るミッションや役割は、本質的に整合しないのである[12]。

　さて、心理学人材は、仮に分化された業務にアサインされたとして
も、より良い製品やサービスの実現に向け、自身の担当業務を着実に
進めつつ、関連部門との連携を図りながら、担当業務の成果を関連部
門の業務に効果的に反映していくことを常に念頭に置いておく必要が
ある。製品やサービスの創出に向けたさまざまな実践は、それぞれ独
立したものではなく連続しており、心理学人材がその強みを効果的に
発揮させ、より良い成果につなげていくためには、その連続性に積極
的に関わっていくべきである。以下ではその具体例として3つの場面

を取り上げ、それぞれの場面における留意点について論じる。

（1）他部門から業務依頼や相談を受けた際の留意点

　心理学人材、あるいは心理学人材が在籍する部門に寄せられる業務依頼や相談は実に多様である。たとえばある顧客層の生活の実態調査を通じて革新的な製品やサービスの創出につなげるための有用な情報や視点を得たい、心理学を応用し、売り上げを伸ばすための新たなアプローチを考えたい、といったやや抽象的な相談や、検討中のユーザインタフェースをより使いやすくするための改善提案がほしい、複数のデザイン案の中からどの案がユーザに最も受け入れられるか判断したい、といった比較的具体的なケースなど、さまざまである。なかには、自分たちが考えたアイデアが優れていることを裏づけるための調査の実施や、単にお墨付きをほしいという依頼も少なくない。

　このような業務の相談や依頼を受けた際、その内容を無反省に受け取り、機械的に対処するのではなく、依頼者がなぜそのような業務を相談するに至ったのか、そこで何が必要とされているのかなど、その背景や意図を依頼者に確認し、考察を交えながらより良く理解していく必要がある。心理学の専門性を通じて得られる情報は、良くも悪くも依頼者の都合に沿ったものであるとは限らない。それ故、心理学の専門知識や調査の結果を都合良く解釈されたり、都合の悪いデータを無視されたりする事態がしばしば発生する。しかし、組織において心理学人材が果たすべき役割は、こうした都合に合わせることではない。業務相談を受けた際は、製品やサービスに受け手の視点を取り込む本来の狙いや意義に立ち返り、相談において求められている本質的な課題を捉えた上で、専門家として、そして組織の一員として責任ある対応をすることが大事である。実際のところ、業務課題を顧客やユーザの視点を取り入れることにより解決したい、解決につながる視点を得たいという類の相談が比較的多いと思われるが、そのような相談に

至った背景を探ってみると、たとえば担当者間における合意形成やマネジメント層の意思決定の促進などといった、根本的な課題が明らかになる場合がある。こうした依頼者の真意を捉えることができれば、支援の可能性を拡げることができよう。

　上記と関連するが、書籍や論文などで紹介されている分析方法や、これまで試したことのない新しい分析方法を適用すれば、業務課題の解決につながる優れた成果が直ちに得られると期待して業務相談に来るケースを散見するが、こうした分析手法を表面的に適用したとしても多くの場合うまくいかないだろう。有効な分析方法を適用することはもちろん大事であるが、方法はあくまで問題解決のためツールであり、本質的な課題を明らかにすることを優先すべきである。

　また、他部門から業務依頼や相談を受けた際は、人の心理や行動に関する専門家として中立的で批判的な姿勢で臨む必要があるが、その一方で、いたずらに相談内容を否定するような態度で臨むことなく、依頼の背景と本質的な課題を汲み取り、建設的な提言をしていくことも大事である。安請け合いは決して良くないが、理想論ばかりを振りかざし、依頼者が抱えている課題に対して具体的な解決策を提案しないこともまた、組織に属する心理学人材に求められる責任を果たしていないに等しい。特に実務経験が豊富な心理学人材は、顧客やユーザの心理や行動に関するさまざまな相談、そしてそうした相談の顛末に関する多様な経験や知識の蓄積があるはずである。そのような経験や知識に基づき、依頼者と共に実務上の課題の解決に臨むパートナーとして、批判的かつ建設的に取り組む姿勢で、相談の機会をきっかけとし、依頼者の仕事を組織として望ましい方向へと導いていくことも心理学人材の重要な役割の一つであろう。たとえば、依頼者が検討したプランをそのまま進めることが彼らの後の仕事や他部門に対してどのような影響や意義があるか、あるいはリスクがあるかを予測し提言することができよう。こうした提言に加えて、その効果をさらに高める、

あるいは起こりうるリスクを回避するための改善策を提案できるかもしれない。他にも依頼者が提示した課題を専門知識や業務経験に基づき再定義し、代替案を提示すること、場合によっては、依頼者と共に課題を整理し、何が本質的な問題かを特定することを支援することもできよう。

(2) 人を対象とした調査を推進する際の留意点

第3章において論じたように、顧客やユーザのニーズや日々の活動実態の調査や考案したアイデアや解決策の評価など、人を対象とした調査は、人間中心設計における主要な活動であると同時に、心理学の専門性を特に活かすことのできる業務である。ここではその人を対象とした調査を取り上げ、その推進にあたり留意すべき点について解説する。

上記（1）で論じた点と同様、人を対象とした調査業務の依頼を受けた際は、はじめに調査の企画や実施に至った背景やそこで求められている本質的な課題を的確に捉えることが重要である。その上で、課題の解決に向けどのようなアプローチが適切かを検討する。その際、人を対象とした調査を実施することは、あくまでその課題解決に向けた手段の一つにすぎないことに留意しておくべきである。場合によっては別のアプローチを採用した方が効果的な場合があることを意識しておくとよいだろう。たとえば人を対象とした調査を実施しなくとも、他の類似した既存の調査や関連研究を参照する、あるいは官公庁や公的機関などが公開している統計データを分析するなどして、求める情報が得られる場合もある[13]。

製品やサービスの創出に向けた調査は、基本的に未知の情報の取得を志向したものであり、それ故、先行研究や類似した調査の事例が乏しい状態で着手するケースがほとんどである（そもそもそのような先行事例があれば、わざわざ時間とお金をかけて調査を行う必要がないだ

ろう）。また、限られた期間や予算、人員で実施することがほとんど
であり、多くの場合、予備調査などを実施する余裕がないのが実情で
あろう。たとえば、ある心理的な概念を測定するための適切な心理尺
度がないなどの課題はしばしば発生する。加えて、取り扱う対象は、
多くの場合、心理学研究における実験法が想定するような統制が可能
な環境とは異なる、実世界の人の心理や行動であり、調査を担当する
心理学人材はそれが故の難しさと対峙しなくてはならない。しかし、
このような状況であっても、心理学人材には優れた製品やサービスの
創出に資する情報を得ることが期待されており、心理学人材もその期
待に応えるべく最善を尽くす必要があるだろう。

　心理学人材は、その専門性や実務経験に基づき、以上のような制約
事項、調査の質や実現性、そして調査に対して期待されていることな
どを考慮の上、調査の内容を具体化していく。具体化を進めていく上
で調査の質や分析の精度はもちろん大事だが、より重視すべきは、調
査の報告などを通じて、他部門やマネジメントにどのような行動や意
思決定を促すか、そしてそのために、調査を通じてどのような情報を
得るのかという点に配慮することである。実際のところ、諸々の制約
があることから、調査の規模やスコープをある程度絞るなどの妥協策
を選択せざるをえないケースが多いと思われるが、こうした絞り込み
や若干の方針転換があったとしても、その調査を実施する狙いや目的
を明確にし、常にそこに立ち返れるようにしておくことが、組織にお
いて調査を成功させるための鍵ではないだろうか。

　また調査において用いる方法論であるが、基本的に定型の手法をそ
のまま適用できるケースはないという前提で臨むべきである。心理学
人材は、既存の方法論を参考にしつつも、調査の狙いや上述した制約
事項などと照らし合わせて、再構成したり、組み合わせたり、場合に
よっては新たな手法を開発するなどし、目的に沿った調査方法を都度
検討する必要がある。そこでは調査法や分析手法などに関する基礎的

194

な知識に加え、数ある方法の中から有効だと思われるものを選び出せる勘所、ある程度の精度を担保しつつ調査を簡略化しコスト削減ができる知恵や工夫、ある方法論を適用した場合に見込まれる成果、さらにはそれに必要な時間や費用、人員などを見積もれる力など、専門性と実務経験に根ざした実践的な知識や能力が求められよう。

　心理学人材は以上のような検討を踏まえ、直面している課題に対する調査のアプローチを、調査を依頼した担当者に対して提案することになる。その際、調査を行うことにより期待される効果やリスク、そして必要な期間や費用を関係者が理解できるよう提示する必要がある。多くの場合、得られる成果とコストはトレードオフの関係にあることから、可能であれば複数のプランを提示できることが望ましい。プランの検討や提示にあたり、製品やサービスの創出に携わる一員として、直面している課題解決のみならず、組織やプロジェクトといった全体的な視点から、プロジェクト全体を少しでも前進させることを意識しておくことも大事である。先にも述べたが、製品やサービスの創出に向けた実践には、多くの担当者が関与しており、調査業務と並行して何かしらの別の業務が進行していることがほとんどである。また、製品・サービスの創出に関する状況は、社会状況や経営判断、スケジュールの遅延などのさまざまな理由により、しばしば変更を迫られる場合があることから、調査を企画する段階とその結果を報告する段階で、その業務に求められることが変わってしまうケースもありうる。しかし、そのような事態が発生したとしても、臨機応変に対処する必要がある。調査業務にあたり、その精度や質を高めるための努力はもちろん大事であるが、それを追求するがあまり業務の遅延や他部門への悪影響を及ぼすようであれば、多少精度を落としてでもスピードを優先させるなどの妥協的な選択も時に必要である。無論、これは複雑な問題と直面した際、後ろ向きな態度で臨むことを許容しているのではない。組織に在籍する専門家として、依頼者と共により良い成果を

目指す姿勢で臨むべきである。仮に十分なデータが集められなくなるとしても、それによるリスクや後の対処策を提言するなど、実践に携わる専門家の立場で貢献できることはたくさんあるはずである。以上のように製品やサービスの創出に向けた実践にはさまざまな制約があることから、心理学の専門家としての理想的な業務の進め方ができないことがしばしばあるだろう。しかし、そのような状況であっても、より良い製品やサービスの創出に向け、専門家として、そして製品やサービスの創出に携わる一員として、どのような貢献ができるかを考え、より良い成果が得られるよう日々直面する問題を解決していく姿勢や気構えを持つことが大事である。

　現場の課題に対してより良い提案がタイミング良くできるよう、事前に準備できることもあるだろう。たとえば自身が担当した業務、もしくは心理学人材が所属する部門で行われた関連業務、また学術論文など紹介されている事例で、将来の業務での応用が見込まれるものなどを対象に、それらの概要、用いられているアプローチや得られた知見などをまとめておくことで、業務相談を受けた際、あるいはその課題解決に向けた議論や検討を行う際に活用することができよう。また人を対象とした調査はある程度の期間が必要になることから、将来発生しそうな業務案件を実務経験に基づき予測し、依頼に先駆けて調査を実施するなど、先行的な対策をしておくのも得策だろう。このように将来の業務を効率化するために有効だと思われる基盤を整備しておくことは、限られた時間の中で、他部門に対してより良い提案をする上で大事な取り組みである[14]。

　さて、調査のプランの提案に対して関係者の合意が得られたら、その内容を実行可能な形へと具体化していく。人を対象とした調査は、それを通じて得られる結果がその調査設計に強く依存することや、それなりに時間やコストがかかるため何度も実施することが難しいことから、投じた時間や費用に対して得られる情報が少しでも有益なもの

となるよう、初期の段階から調査の内容を綿密に詰めていく必要がある。調査の内容が具体化したら、推進する人員やスケジュールなどの調整を行い、計画に沿って調査を進めていく。調査にあたり、たとえば協力者が集まらないなどの問題が発生することがあるが、そうした場合は調査目的を参照しながら、その問題が調査全体に与えるリスクや最適だと思われる回避策を関係者に提案し、臨機応変にその解決に努めるとよい。

(3) 他部門と情報共有する際の留意点

　開発部門やマーケティング部門などの他部門と連携を深め、調査などにより得た受け手に関する情報を、製品やサービスの創出に向けた実践に反映していくことは心理学人材に求められる重要な役割の一つである。そのため、心理学人材は他部門との情報共有にあたり、共有する内容だけでなく、共有の仕方についても配慮しておく必要があるだろう。一般に、企業における製品やサービスの創出に関する業務には、さまざまな職能や専門性を持った担当者が数多く関与するが、心理学人材は受け手に関する情報を、職能や専門性の異なる他部門の担当者に、わかりやすく、そして効果的に共有し、彼らの業務の中に反映してもらう必要がある。ここでは他部門の担当者に、人を対象とした調査などの結果を共有する際の留意点について論ずる。

　まず基本的な点ではあるが、共有にあたり、限られた時間で報告した内容を理解してもらえるよう留意する必要がある。そもそも何かを調べる必要性があったのは、ある現象についてわからないことがあったためである。共有にあたり、心理学人材は報告を受ける側がそれまで知らなかった未知の情報を伝え、その後、報告した内容を彼らの業務において活用してもらえるレベルまで理解してもらう必要がある。報告を受ける側は、自身の経験と照らし合わせ受け入れがたいと感じる場合があるかもしれない。加えて、報告を受ける他部門の担当者た

ちは、必ずしも心理学人材が担当する業務や心理学について精通しているわけではない。また、彼らは自身の担当業務に追われ、基本的に多忙であり、解説の内容を咀嚼するための十分な時間がとれない可能性がある。それ故、心理学人材は以上のような知識の量の違いや時間的な制約などを踏まえ、調査結果などの情報をどのように共有すべきか知恵を絞る必要がある。

　黒須他（1999）も指摘しているように、業務の成果を報告書にまとめ関連部門に配布するだけでは不十分であろう。顧客やユーザの理解が重要であると強く認識している組織であったとしても、限られた時間でそのような報告書の内容をきちんと理解し、それを自身の業務に反映していくことのできる担当者がはたしてどの程度いるだろうか。報告書の作成や配布自体を否定しているわけではないが、特に開発やデザイン、マーケティング施策の検討など、報告された内容を踏まえて何かしらの施策を考案することを担う部門の担当者には、予めある程度時間をとってもらい、調査を担当した心理学人材がその内容を直接報告し、議論できる機会を設けるとよいだろう。調査の内容がインタビューや観察などであれば、実施の際に撮影した写真や映像を活用するなどし、顧客やユーザのありありとした実態を伝えることも大事である。このようなフィールドでの調査を実施する場合は、報告会のような形式で伝達するだけでなく、関係する他部門の担当者に実際の調査場面に同行してもらうのも有効である。普段接することのない人々の生活に触れること、あるいは自らが考案したアイデアに対する顧客やユーザの反応を知ることは、職場の中にいるだけでは体験できないことであり、自分とは異なるものの見方に触れることのできる貴重な機会になりうる。調査に同行してもらう際、実務を担当する心理学人材は、調査協力者の発話や行動を専門的な視点から理解するよう努めることに加え、同行した担当者に顧客やユーザについての理解を深めてもらうため、専門家としての解釈や見解を同行者に説明する機

会を持つとよいだろう。

　さて、繰り返しになるが、情報共有において、関係部門の担当者にはその内容を理解の上、受け入れてもらい、そして担当者側の業務に反映してもらうことを強く意識しておく必要がある。心理学人材は調査などの業務の成果を正しく、そしてわかりやすく伝達することも大事であるが、単に伝達するのではなく、どのようにすればその内容を真摯に受け止めてもらえるか、そして報告を受ける側にとって多少困難で多忙になろうとも、担当業務に反映してもらえるのかを深く考え、共有の仕方を工夫する必要がある[15]。ここで心理学人材が留意すべきは、他部門の担当者に対して理想論を振りかざしたり、他部門の事情を無視したりするような、一方的な態度で接するのではなく、より優れた製品やサービスの創出に向け、共に問題に向き合うパートナーとして接することである。たとえば、受け手の視点が大事であるということを理由に、他部門の事情や状況に配慮することなしに、受け手について調べた自分たちの意見が正しいと主張する、もしくは業務分掌に記された業務内容が調査であるという理由でその範囲の仕事しか行わないなどの態度で情報共有をしたとすると、それを受け取る側はすんなりと受け入れてくれるだろうか。特に、製品や試作品などの評価に関する報告は、担当者自らが良いと判断して具体化した内容に対して欠点や問題点を指摘されるケースもあるため、耳障りに感じる担当者も少なからずいるはずである。それ故、調査結果の報告に加え、その内容を受け止め反映してもらうことの意義について、感情的な対立を避けつつ、論理的に、そして熱意を持って接することが大事であろう。他方、異分野の専門家との友好的な関係の構築を目指すあまり、彼らの提案に対して全面的に迎合するような姿勢にならないようにすることも重要である。専門家として、そして同じプロジェクトに携わる一員として、相互にリスペクトをしあう関係性を築きつつ、発見した問題点はきちんと指摘し、共により良い問題解決に努めていく姿勢

を持つことが大切である（黒須他, 1999）。

　上記事項とも関連するが、調査結果などの共有にあたり、他部門に対して共有内容に基づく何かしらの業務を依頼する場合、他部門にとっての意義はもちろんのこと、依頼内容の実行可能性（actionability）について十分に検討しておく必要がある。この実行可能性には、そもそも依頼する内容が現実的に実行できるかどうかということと、依頼される側が実行に移ることのできる具体的な内容になっているかということの2つの意味が含まれている。依頼内容の難易度は別にして、少なくとも依頼される側に実行可能であると認識してもらえなければ、情報共有の機会やその準備のみならず、調査そのものに費やした時間や費用、労力さえも次の段階につながらないものになってしまうだろう。

　効果的な依頼の仕方を組み立て、それを受け入れてもらうための折衝を行えるようになるためには、基本的なビジネススキルがもちろん必要であるが、依頼の目的やその背景について深く理解しておくこと、そして関連部門の業務内容や抱えている課題、仕事のスタイルなどについて知っておくことも大事である。協力を要請する部門が置かれている状況や課題を理解した上で、その意義や実行可能性を感じてもらえる提案を構築することが肝要である[16]。

4-2　心理学人材が特に強化すべき点

　心理学人材は、受け手の情報を取り扱う専門家としてだけでなく、より優れた製品やサービスの創出に携わる一員として、その職責を果たすため、自身の専門性を日々鍛錬することに加え、必要な関連知識や能力を習得し、その拡張に努める必要がある。ここでは製品やサービスの創出に向けた実践において心理学人材の仕事をより効果的なものにしていく上で特に重要だと思われる2つの点について論じる。

（1）コミュニケーション力の強化

　一般に製品やサービスの創出に向けた実践には、異なるバックグラウンドを持った担当者が関与しており、各担当者は製品やサービスの創出に向けさまざまな役割を担っている。各担当者は自らの業務を抱えており、基本的に多忙である。特にマネジメント層はさらに多忙であり、時には限られた時間で重要な意思決定をしなければならない。それ故、これは心理学人材に限ったことではないが、基本的に説明やプレゼンテーションにおいては、要点を簡潔にわかりやすく、そしてできるだけ短い時間で伝達できる能力やスキルが求められる。伝達にあたり留意すべきは、何を伝達したかということではなく、伝達の結果、相手に何が伝わったのかである。伝達する側がわかりやすく伝えたと考えていたとしても、伝達を受けた側はその内容を意図どおりに解釈していない可能性がある。そのような意味で、「わかりやすく伝える」というよりは「伝達する相手がわかるように伝える」という方が適切だろう。

　同様に、心理学人材が、自身の業務や専門知識に関する情報を伝達する際も注意が必要である。製品やサービスの創出に向けた実践に、心理学研究に精通している担当者が関与していることは、少なくとも現状は稀であろう。それ故、専門的な内容について説明する際には、学術的な表現をできるだけ避け、ちょうど翻訳をするかのように、異分野の担当者でも理解できるよう簡潔に、そしてわかりやすく伝える必要がある[17]。学術論文では結論に至った過程や根拠など、特有の厳格さが求められるが、実務においては要点を端的に伝えることを優先すべきである[18]。

　また、これは本章4–1（3）で触れた内容とも重複するが、製品・サービスの創出に向けた実践における実務担当者間のコミュニケーションの多くは、何かしらの要求や説得を意図して行われる。それ故、コミュニケーションの結果、双方に何がもたらされるのか意識してお

くことも大事である。筆者が海外で開催されたユーザエクスペリエンスに関するカンファレンスに参加した際、そこで発表されていた方の一人が「調査などを担当するリサーチャーは、アウトプットではなくアウトカムを意識すべきだ」と主張されており、大変感銘を受けた。内容を正確に、わかりやすく伝えることはもちろん大事な点であるが、伝達した後、関連部門にどのように動いてもらうことを期待するのか、そのためにどのようなことをどのように伝えるべきか、十分な検討と準備が大事である。

(2) 実務でのより効果的な活用に向けた専門性の強化と拡張

心理学人材が、さらに高いパフォーマンスを発揮し、組織のさまざまな要請に応えていくためには、専門性のさらなる強化に励むことが必要である。心理学の専門性は心理学人材にとっての核であり、組織の中で専門家として認識され信頼を獲得していく上での基盤である。それ故、定期的に最新の研究について調べ、学ぶなどし、現状に慢心することなく、継続的に知識の更新や技術の鍛錬に励むべきであろう。

さて、業務で発生するテーマは必ずしも心理学人材が元々専門としていた領域であるとは限らない。たとえば大学で視知覚の研究に取り組んでいた心理学人材が、人を対象とした調査の実施経験があるという理由でマーケティングリサーチに関わる業務を命ぜられるなど、心理学が関係する業務であっても元々の専門領域とは異なる業務を担当するケースを筆者はしばしば耳にする。しかし、このようなケースにおいても、心理学の専門家としての成果が期待され、心理学人材は組織の一員としてこうした期待に応える成果を提示できるよう努めなくてはならない[19]。それ故、心理学人材には自身の専門性を拡張し、幅広い領域をカバーすることが求められる。第1章でも触れたように、心理学はそもそも多様な領域との関係が深い学問領域であるが、心理学人材が実務で扱う問題は、必ずしも心理学の知識だけで解決でき

るとは限らないことから、周辺領域である人間工学や人類学、社会学、さらには医学や生理学といった関連領域の動向についても留意しておくとよい。

　新たな知識の獲得にあたり、実務的な観点から、将来の活用場面を想像する姿勢を日頃から持つことも大事である[20]。特に方法論に関しては、それらを実務で用いたときの効用やリスク、必要な期間や労力、さらにはどの程度の費用が必要かといった点についても意識しておくとよい。興味深い知識が得られたら、将来その知識を実務で用いることに備え、その特徴や原理について理解を深めておく必要がある。未知の情報故、研究背景を含めて的確に理解することは簡単ではないが、こうした組織にとっても未知の情報を組織の中に持ち込み将来の活用に備えて伝えていくことも、組織に属する心理学人材に求められる役割の一つであろう。これに関連して、実践における問題解決において、既知の情報だけでやり過ごすような姿勢ではなく、効果が見込めると判断すれば、新たに習得した知識や方法論を積極的に活用していく姿勢を持つことも大事である。方法論に関しては、既知の方法を用いることに固執せず、効果が見込めるのであれば、新たに学んだ方法の活用を検討すべきである。場合によっては、直面している課題の内容と照らし合わせ、自ら方法の革新に挑むとよい。

　以上のように、心理学人材には幅広い知識の獲得が求められるが、実際は担当業務を推進しながら関連する領域について学習するところから始めて、徐々に拡大していくとよいだろう。情報収集にあたり、関連する学会の学術集会や研究会への参加、総説論文などがその助けになると思われるが、信頼のおける有識者とのつながりを幅広く持つことも大事である。

4-3　活躍機会のさらなる拡大に向けて

　これまで論じてきたように、受け手の情報を製品やサービスの創出に向けたさまざまな実践に効果的に統合していくため、心理学人材は特定の業務に限定的に従事するのではなく、さまざまな関連部門と効果的に連携していく必要がある。心理学人材が関連部門との連携をより強固にし、より優れた製品やサービスの創出に向け、更なる貢献をしていくための一つの要件として、関連部門、さらに言えば経営層に対する影響力を持つことが挙げられよう。ここでは、心理学人材の仕事が組織全体から有効なものであると認められ、製品やサービスの創出に向けた実践において発言力を持ち、組織における重要な機能として認識してもらうために、心理学人材の側から組織に対してどのような働きかけができうるか論じる。なお、そうした働きかけはその組織の中で心理学人材の活動がどの程度知られているかによって異なると思われるが、ここでは基本的にほとんど知られていない段階を想定している。

(1) 自身が影響力の起点になりうることを自覚する

　まず何より心理学人材自身が、製品やサービスの創出に対して影響力を持ちうる存在であること自覚することである。企業のような大きな組織において、一人の従業員が影響力の起点になることは理解しがたいと思われるかもしれない。しかし心理学人材にはさまざまな特徴や独自性がある。たとえば心理学特有の現象の捉え方や、人を対象とした調査においてさまざまな方法論を駆使し分析できる点などは、他者が簡単に模倣することのできない心理学人材の特徴と言えよう。また心理学人材が担当する仕事も組織においてユニークであると言える。たとえば、顧客やユーザについて調べることで初めて得られる情

報、すなわち社内で議論するだけでは得ることが難しい情報を、社内のどの部門よりも早く入手し、取り扱うことができる。このことは心理学人材が、関連部門、さらには経営層に対して、社内にはない情報を用いた問題提起ができる立場にいることを意味する。心理学人材はその専門性や仕事上の特権を効果的に活用することで、組織に対する影響力の起点になる可能性を秘めているのである。

(2) 専門性と関連づけた提案をすることを意識する

担当業務において直面している課題に対して自身の専門性と関連づけた提案をしていくことも、組織への影響力を持つための第一歩である。特に製品やサービスの創出に向けた実践には、顧客やユーザの心理や行動に関連する何かしらの課題があるはずである。業務の中からこうした機会を見出し、心理学を効果的に活用できる仕事を「発明」するのである[21]。提案にあたり、必ずしも心理学の枠に限定して考える必要はなく、他の専門分野の知識があればそれと組み合わせて提案するとよいだろう。提案をしたら責任をもってそれを遂行していく必要があることは言うまでもない。

(3) まずは周囲の人たちに自身の活動を知ってもらう

直属の上司や周りの同僚に自身の提案や心理学の適用事例を紹介する機会を積極的に持つことも効果的である。自身が取り組んだ事例を紹介できることがもちろん望ましいが、本などで紹介されている世の中の事例を用いても構わない。紹介にあたり、心理学人材なりの、そして組織の一員としての解説を加え、心理学が自分たちの製品やサービスの創出に対していかに貢献しうるのか、伝わるよう努めるとよい。場としては、同じ部門の構成員が集まる定例会などが適切ではないだろうか。そのような機会や時間がとれなければ、ランチミーティングのようなカジュアルな場でもよいだろう。この程度の取り組みであ

れば個人でも実施可能である。こうした草の根活動を積み重ねていくことで、その思いに共感してくれる理解者にも巡り会えるはずである。マネジメント側としても、部門や組織への貢献が期待できそうなものであれば、そうした機会について否定的な態度を示さないだろう。

(4) 自身の仕事の可視性を高める

　本章2-3や3-4においても論じたように、心理学人材の貢献や成果は、製品やサービスの外側から直接的に感じとることが難しい。それ故、自身の業務や実績について説明する際、最終的な成果を単独で示すのでなく、製品やサービスへの貢献、あるいは受け手の主観的な経験に対して予想される影響など、組織の活動に対する自身の業務の貢献を見えるよう提示することが肝要である。たとえばサービスブループリント（武山, 2017）などのような表現を用いることで、自身の貢献を示すのも一つの手であろう。また、実務において直面した問題に対し、その解決に向けてどのような検討や工夫をしたのか、そして具体的にどのように解決をしたのか、その一連の過程や解決に向けた自分なりのアプローチ、そこで活かした専門性などを示していくことも大事な点である。要するに、自身が担当した仕事や成果の可視性（visibility）を高めることが大事なのである。そのためにはマネジメント層を含む関係者に自身の仕事の成果や組織への貢献を明示的に伝達する能力やスキルの獲得が必要とされよう。

(5) 関連部門の業務に踏み込んでいく

　本章4-1において論じた内容と一部重複するが、心理学人材は人を対象とした調査など、心理学との関係性の深い業務を推進するだけにとどまらず、製品やサービスの創出に携わる一員として、製品やサービスの創出に関する背景や狙い、関連部門の状況などを踏まえ、積極的に具体的な解決策の提案や問題提起をしていくことに挑んでいくべ

きである。

　このような取り組みは心理学人材の業務範囲を超えていると感じられるかもしれない。しかし、顧客やユーザと身近に接する仕事をしている立場だからこそ、また人の心のはたらきや行動の特性に関するさまざまな専門知識を有しているからこそ、他部門や組織全体に対して提言できることがあるはずである。それ故、たとえ小さな改善提案であったとしても、また、当人が多少稚拙な提案だと感じたとしても、他部門の業務に踏み込み、提案していくことを継続していくべきではないだろうか[22]。こうした地道な「他流試合」の積み重ねは、特に心理学人材の仕事が十分に知られていない組織において、地味ながらも大事な活動である。こうした取り組みは心理学人材の活躍機会を拡げ、結果として、心理学人材のその後の仕事に良い影響をもたらすのではないだろうか。

5　心理学人材の輩出に向けた大学教育の観点から

　今日、我が国において、大学で心理学を学んだ学生が、心理学の知識を直接的に活用する、あるいは直接的でなくともその活用が期待される職業に就くことは、残念ながら少ないと言わざるをえない。また臨床心理学以外の領域では、卒業後のキャリアパスが見えにくいという理由で、心理学関連の大学院進学を敬遠する学生も少なくないのではないだろうか。これまでも紹介してきたように、心理学は産業・社会のさまざまな問題解決に貢献することができるが、実際のところ、大学教育との接続性が強いとは言いがたい。心理学教育には、優れた研究者の養成にとどまらず、科学的な現代心理学の専門基礎教育を身につけ、心理学の近接領域の専門知識を修得した質の高い職能人材を養成し、彼らをして国民生活の幅広い分野で活躍させるという使命が

あるが（日本学術会議心理学・教育委員会, 2014）、以上のような状況の改善に向け、大学教育においてどのような対策が考えられるだろうか。本節では、製品やサービスの創出に向けた実践をリードする心理学人材としての活躍が期待される人材の輩出に向けて、大学においてどのような教育の機会を提供するとよいか、現在企業に所属し、また大学で教鞭を執っている筆者なりの考えを論じる [23]。

5-1 実世界における問題解決に向け心理学の知識を適用できる素養

　私たちには千変万化する社会や産業において発生する複雑で不確実な問題に対してしなやかに対処していくことが求められよう。筆者はそのような問題解決の場面において、大学で学んだ専門知識は解決策を導く上での一つの拠りどころになると考えている。大学で学んだ専門知識は、ともすれば実社会で役に立たないと思われがちである。しかし学術的な専門知識は、一般に先人が積み上げてきた知識の集積から構築されたものであり、そこには将来の問題解決に資する有用な情報が含まれていると考えられないだろうか。

　以上の点は心理学についても同様に言えよう。本書では、製品やサービスの創出に向けた実践というフィールドを取り上げ、そこでの心理学の有用性について論じてきた。そして実践の問題解決に向けて心理学を効果的に活用していくためには、心理学の専門性を有し、問題解決に向けて心理学の知識を適切に用いることのできる人材の活躍が不可欠である。そのような活躍が期待される人材を育成し、社会に輩出することが大学教育の役割の一つであるとするならば、大学の心理学教育においては、将来直面するであろう実世界の問題の解決に向けて、心理学の知識を効果的かつ創造的に用いることのできる素養を習得させることを目指すとよいのではないだろうか。その素養とは、

心理学の専門性、そして心理学特有の人間観（第3章5-3参照）に基づき、何かしら人がかかわる実世界の事象を批判的に読み解く力であり思考法である。

5-2　素養の習得に向けた教育

　ではそのような素養の習得に向け、学生に対してどのような教育の機会を提供するとよいだろうか。まず基本的な点であるが、心理学がどのような学問かを正しく理解してもらう機会を提供することである。残念なことに、多くの人にとって学問としての心理学を学ぶ機会は少ないと言わざるをえない。多くの人たちにとって学問としての心理学を学ぶ機会は大学に入学するまでなく、さらに言えば大学の教養課程などにおいて心理学の講義を受講しなければ、学ぶ機会は一生ないかもしれない。実際、教養課程における心理学の講義は多くの人にとって「最初で最後の心理学」であり、心理学という学問を知ってもらう数少ない機会になっている。

　心理学の講義やゼミにおいて、これまで通りその専門知識や方法論について理解を深めてもらうことはもちろん大事であるが、これに加え、実世界における事象と心理学とのつながりを知ってもらう機会を提供するとよい。心理学が産業や社会における実際の問題解決においてどのように関与し、どのように貢献しているのか、実例を通じて解説するとよいだろう。これは産業や社会における心理学のかかわりや活用事例を知るだけでなく、心理学にどのような需要があるのか、そしてその効用や活用上の難しさなどを学ぶ良い機会にもなるだろう。

　以上のような実例の紹介にあたり、できるだけ多様な事例を取り上げることが望ましい。そこでは、心理学、もしくは関連領域の知識を、産業や社会における問題解決に向けて効果的に活用したもの（たとえば、本書第4章の事例や行動経済学の応用事例など（Thaler & Sunstein,

2008))だけでなく、悪質な詐欺、そして第3章において言及した
ダークパターンのように[24]、社会的・倫理的に望ましくない活用が
なされている事例（たとえば、Alter, 2017; Sunstein, 2021）も取り上げる
とよい。こうした悪しき例について、心理学の研究や実践での活用に
取り組んでいる身としてたいへん遺憾であるが、人々の心理的な特性
に付け込む不当なやり方で利益を得ようとするケースは残念ながら少
なくない。心理学を学ぶことや、こうした実例と心理学とのかかわり
を学ぶことは、社会生活を営む市民の立場として自身の生活を守る意
味でもとても大事である。

　さて、先に多様な事例を取り上げることが望ましいと論じたが、そ
の情報源をどこに求めたらよいだろうか。書籍などに記載されている
事例を紹介するのも一つの方法であるが、講義を受講している学生に
身近に感じてもらえる事例が望ましい。そのため身の周りのそれらし
い事象を取り上げて紹介するのもよいだろう。なかには心理学が意図
的に用いられていたかどうかは不確かなケースもありうるが、心理学
とのつながりが十分に解説できるのであればそれでもかまわない。他
にも企業の中で心理学を実務上の課題に活用した事例を紹介できると
よい。一般に、こうした情報は企業における情報管理の点から開示さ
れることがあまりなく、アクセスすることが困難である。これに対す
る比較的取り組みやすい施策として、企業に在籍している心理学人材
にゲストとして特別講義を依頼し、彼らが実際に取り組んだ事例を、
たとえ一部であったとしても、紹介してもらう機会を設けるとよいだ
ろう。事例の紹介にあたり、直面した課題と活用した心理学の知識だ
けでなく、その背景や試行錯誤の過程についても、可能な範囲で解説
してもらえることが望ましい[25]。事例の紹介の他にも、現在の業務
や心理学人材として組織からどのようなことが期待されているのかな
ど話してもらえるとよいだろう。これは心理学を学んだ人材のキャリ
アパス、産業・社会における心理学の需要や可能性について知ること

のできる良い機会になるはずである。依頼をする講師は、大学で心理学を学び、ある程度の実務経験と実績がある人材が望ましい。その大学の卒業生であれば、聴講する学生にとってより身近に感じてもらえることから、なお良い機会となるだろう。

　心理学と世の中の事象とのかかわりについて、学生にある程度知ってもらったら、何かしら人が関与する世の中の事象を取り上げてもらい、心理学の観点からその事象について批判的に考察し説明する機会を提供するとよい。その際、考察した内容について学生同士で議論する時間を設けるとよいだろう。分析的な考察や客観的な説明をするためには、人や社会に対する興味や問題意識、事象を批判的に捉える習慣、想像力や洞察力、そして心理学の専門性が求められよう。こうした考察や説明の積み重ねは、普段の生活において接するさまざまな人の心理や行動、そして世の中の事象を、客観的かつ批判的に捉えることのできる能力、換言すると、より豊かな解釈を可能にする能力の涵養につながり、将来直面する自身の問題解決場面においても発揮される心理学人材特有の知的基盤となるだろう[26]。そして、こうした能力は、先に触れた悪質な行為や施策を見抜き、何らかの損失を被るリスクを回避することにも役立つだろう。

　これまで、任意の事象を取り上げ、心理学のかかわりを推測することについて言及してきたが、その一方で心理学の専門知識や方法論が、身の周りの事象に対してどのように関与し、そして役に立つことができるのか考える機会を持つことも大事であろう。こうした心理学の活用の可能性を想像し、考察する習慣は、将来、新たな専門知識を学んだ際、自身が抱える課題にその知識を活用できるようにするための訓練になるはずである。これと関連して、ある事象に対する自身の解釈について、心理学の方法論を用いて実際に検証してみるのも良い学習の機会になるだろう。世の中の事象に対する疑問や興味を出発点に、講義などで学んだ心理学研究のアプローチや方法論を用いること

で、自身の主観的な仮説が客観的に支持されるか否かを検証する機会は、多くの学生にとって初めての経験になるのではないだろうか。このような実際に手を動かしながら学ぶ過程は、心理学研究の理解を深めると共に、心理学を学ぶことの醍醐味や難しさ、そしてその可能性を知る機会になるはずである。

　さて以上のような教育において、指導する教員には適切な解説やフィードバックを与えられる能力が求められよう。学生が取り上げた事象と心理学とのかかわりの説明について、やはり学生が参照している心理学の専門知識を正しく理解しているか、また論理的で適切な説明ができているかを検証し、誤解や論理的矛盾があれば指摘するとよいだろう。また学生の課題選択や発表にあたり、関連すると思われる心理学の研究領域や参考文献などの情報を提供することも学生の学びの助けとなるだろう。

6　おわりに

　日本学術会議が提案した「大学教育の分野別質保証のための教育課程編成上の参照基準：心理学分野」（2014）の中でも論じられているように、心理学は、日々の暮らしを起点に人間の営みを考え、日々の暮らしに根ざしたフィールドから問題を発掘し、研究の成果を人々の暮らしに役立てる使命を持っている。製品やサービスの創出に向けた実践は、多くの人々が関与する広大なフィールドであり、心理学研究にはそこでの問題解決に向けて役立つ情報が数多く含まれている。そしてそのような有用性を秘めた情報は心理学人材の活躍を以て、優れた製品やサービスの創出に活かされ、それらの受け手の主観的な経験の質の向上へとつながっていくことが期待される。

　こうした営みを通じて、人々の暮らしの質の向上、そして産業や社

会の発展に貢献することは、心理学人材に期待される社会的使命と言えよう。そして、このような貢献を積み重ねていくことにより、産業や社会における心理学人材の活躍がこれまで以上に認められていけば、その活躍機会は自ずと拡大していくはずである。他方、心理学研究の意義や有用性もこれまで以上に重視され、心理学研究自体のさらなる発展や産業・社会において活用される機会のさらなる増加にもつながっていくのではないだろうか。

【注】

[1] 念のため補足しておくが、学術研究としての心理学、そしてその厳密さが製品やサービスの創出に向けた実践において役に立たないと言っているわけではない。第3章でも論じたように、心理学の専門知識や方法論は製品・サービスの創出に向けたさまざまな実践において有用な観点や問題解決のためのアプローチを提供する。

[2] 誤解を招かないよう補足するが、性能や仕様などに焦点をあてること自体を否定しているわけではない。受け手の経験の質の向上を志向した製品・サービスの創出において、受け手に良質な経験を実現させる手立てとして、性能や仕様などを検討し、具体化していくことは重要な活動である。

[3] これに関連して、筆者の個人的見解であるが、高度な技術を有するリサーチャーが、かなりタイトなスケジュールと予算を迫られ、対症療法的な仕事をせざるをえないケースが少なくないように感じる。

[4] むろん、構築したプロセスそのものに問題がある可能性もあることから、プロセスそのものの有効性を評価できる仕組みもまた必要であろう。

[5] 新たなプロセスの導入にあたり、いかに組織に浸透させていくかが大きな課題の一つになるだろう。既存のプロセスには、それに至った何かしらの経緯や背景があり、それに代わり新たなプロセスを導入することは、関係者に対して従来の仕事の仕方を変えることや新たな学習を求めることになる。それだけに、少なくとも導入の背景や理由、期待される成果を示しつつ、現場の関係者と協調していく意思や姿勢を示さなければ、現場の関係者をただ疲弊させ、結果として長続きしないものになってしまう危険性がある。業務を推進するのは人であり、業務命

令という形で強制的に導入したとしても持続的な活動にはならないだろう。

[6] ある程度実績が蓄積されているのであれば、それらを体系化し、その部門固有のフレームワークとして発展させることもできよう。

[7] 企業が共同研究を行う狙いとして、研究成果を得ることは勿論のこと、それに参画する担当者の育成、そして、研究機関や研究者との関係性の強化という側面が挙げられる。共同研究は優秀な研究者や学生の採用に向けた接点にもなり得るだろう。

[8] 概念的・理論的な知識だけでなく、実務経験に根ざしたいわゆる「現場」の知識も必要である。

[9] 関連するコミュニティがすでにあるようであればそれに加わるのが手っとり早い。加わった後はコミュニティのメンバーにとって有益だと思われる情報を共有するなどし、コミュニティの活性化に貢献するとよいだろう。

[10] ここでは心理学人材としているが、受け手について理解を深め、そこから得られた情報を製品・サービスの創出に向けて反映していくことを担う、UXリサーチャーやユーザビリティエンジニアなどの専門家ももちろん該当する。

[11] 本節の内容は、企業などですでに製品やサービスの創出に向けた実践に従事している心理学人材を想定し論じているが、今後そのような業務を担当する予定の部門やそうした業務を志す人、あるいはそうした業務に興味や関心がある人、さらにはそうした人たちの育成を担当する部門にとっても参考になるだろう。

[12] 念のため補足しておくが、心理学人材が機能分化した業務を遂行すること自体を否定しているわけではない。たとえば人を対象とした調査などの業務を効果的に推進することは心理学人材が得意とする業務であり、十分価値のあるものである。ここではその強みを十分に発揮させるため、限定的に特定の業務だけを担当させることについての問題点を指摘しているのである。

[13] 基本的に、そうした調査や研究は特定の状況、環境下において得られたデータに基づく一つの解釈であることを踏まえた上で、直面している課題の解決に向け、それらを活用することの有効性としなかった場合のリスク、また活用上の課題を指摘できることも心理学人材の強みの一つであり、組織に対する貢献である。

[14] ただし事例や方法論を要約したものをただ単に集積していくだけではあまり意味がないだろう。そうした専門的な知識が実務上の課題にどのように活用しうるのか考察した上でまとめていくことが大切である。蓄積や要約すること自体が目

的にならないよう、あくまで実務における問題解決を志向した「使える知識」にすることを意識して進めていくべきである。

［15］共有のタイミングや共有する場の設定も大事な要素である。いくら優れた提案であっても、時期的に予算計上ができなかったり、関連部門があまりに多忙であれば、受け入れてもらえない可能性がある。それ故、タイミングをある程度調整できるようであれば、最適なタイミングを検討すべきである。また場の設定も少なからず聴衆の意思決定に影響すると思われることから、こちらについても留意しておくとよい。参加人数や参加者、会場や当日の進行など主催側で調整できることは少なからずあるため、共有の目的に沿ってアレンジするとよいだろう。

［16］これはまさに本書で紹介してきた人間中心設計のアプローチそのものではないだろうか。

［17］簡潔でわかりやすい表現は人を対象とした調査においても大事である。たとえば協力者に対する調査内容の説明、インフォームドコンセントや教示などにおいて、こうした内容に親しみのない一般の人にも理解できる、わかりやすい説明が求められる。

［18］この際、内容の信頼性やそれに至った手続きの詳細については心理学の専門家としての責任において省略されているのであり、いい加減で無責任な情報を流布してよいということでは一切ないことを強調しておく。心理学の専門知識の正しい理解に基づき、業務の中で効果的に活用していく専門家としてのリテラシーや姿勢は、心理学人材の専門性の基盤であり、組織における専門家としての信頼の基盤である。

［19］もちろん、時間や対応する人員は限られていることから、多様な業務依頼それぞれに対して、関連する専門知識を十分に調べた上で対応することは困難であろう。しかし、調べるための時間が限られていたとしても、心理学の専門性やそのリテラシーに基づき、直面している問題をどのように捉えたらよいか、あるいはどのような領域を調べていくとよいか、など、問題解決に向けた指針を提示できることも、依頼部門に対する一つの貢献である。専門外だからわからないと切り捨てるのではなく、組織に属する一人の専門家として、組織に対してどのような貢献ができるのか考える姿勢を持つことが大事ではないだろうか。

［20］こうした日頃の努力から、将来の活用が見込まれる知識を探索し、特定する目利き力を鍛錬することも心理学人材にとって大事な点である。

［21］これに関連して、本書4章に収録している鹿志村氏のインタビューも是非参考にしていただきたい。

［22］第3章において論じたように、心理学の専門知識や、受け手を対象とした調査は、受け手のニーズや特性に沿ったアイデアや解決策を検討し、導出する上で有益な情報源になりうる。心理学の専門知識やその活用に関わる実務経験、また多くの調査事例を知る経験豊かな心理学人材は、人に関連したさまざまな問題解決場面において、関連する心理学の専門知識を的確かつ迅速に特定し提案しうることから、受け手の視点を反映した有効な解決策を効率的に、そして継続的に提案できるポテンシャルがあると言えないだろうか。加えて、心理学人材はこのような提案をする機会に比較的恵まれている環境にいるのではないだろうか。筆者はこうしたポテンシャルと機会を見直し、日々の仕事の中で心理学に関する知識があるからこそできる提案をしていくことが、心理学人材がその活躍機会を増やすための鍵だと考えている。

［23］新卒の学部生、大学院生が入社後、すぐに戦力になることは、実務経験や関連する知識が不足していることなどから困難であろう。心理学を専攻した新入社員がその真価を発揮し、組織に貢献できるようになるには多少の時間が必要である。しかし、その活躍がいずれ周知され、実績が積み重なっていけば、心理学を専攻した学生に対する採用の枠も増えていくのではないだろうか。

［24］もちろん、悪用した人たちが心理学の特定の専門知識を理解した上で用いたかどうかは定かではない。

［25］実務に携わる心理学人材には、コストやスケジュール、部門間調整など、さまざまな制約条件を考慮の上、効果的な問題解決に向け、組織に属する専門家としてのパフォーマンスを示すことが求められる。直面している問題とどのように対峙し、解決し、そして関係部門に影響を与えていくかが組織の一員として大事である。しかし、このような過程の詳細は企業の機密情報であることから、公になることは基本的にないと言ってよい。心理学人材の育成・輩出という点では、特に大学院生やポスドクなどを対象に、こうした実務を推進していく上で必要な知識の教育機会をどのように設けていくかも重要な課題であろう。この点に関する筆者の考えは紙面の都合上、別の機会で紹介させていただきたい。

［26］取り上げた事象に関して、心理学の観点から何かしらの問題が想定できる場合、その問題に対する改善案を考え、発表してもらう機会を設けられるとなおよいだ

ろう。また発表にあたり、他の学生との議論や指導教員からのコメントをもらう
機会を設けることも大事である。

【参考文献】

Alter, A. (2017) *Irresistible: The rise of addictive technology and the business of keeping us hooked.* Penguin Press.〔上原裕美子（訳）(2019)『僕らはそれに抵抗できない：「依存症ビジネス」のつくられかた』ダイヤモンド社.〕

Gentner, D. (2019) Cognitive science is and should be pluralistic. *Topics in Cognitive Science, 11*(4), 884–891.

芳賀麻誉美 (2005)「調査は製品開発に役立つのか？：3-Step Research による統合的製品開発」『マーケティングジャーナル』*25*(2), 48-69.

伊東昌子 (2010)「心理学と人間中心設計」『心理学ワールド』*51*, 29-32.

伊東昌子 (2015)「事業組織における学びほぐしのデザイン：ミクロとマクロの学びの困難な接面」『計測と制御』*54*(7), 479-484.

伊東昌子・南谷圭持 (2013)「対話生態の変革：ユーザ経験価値向上への人と事業組織の学び」『知識共創』第3号.

熊田孝恒（編著)(2015)『商品開発のための心理学』勁草書房.

黒須正明 (2013)『人間中心設計の基礎』近代科学社.

黒須正明・伊東昌子・時津倫子 (1999)『ユーザ工学入門：使い勝手を考える・ISO13407への具体的アプローチ』共立出版.

入戸野宏 (2017)「モノづくりにおける実験心理学の貢献可能性」『心理学評論』*60*(4), 312-321.

日本学術会議心理学・教育学委員会心理学分野の参照基準分科会報告 (2014)「大学教育の分野別質保証のための教育課程編成上の参照基準 心理学分野」http://www.scj.go.jp/ja/info/kohyo/pdf/kohyo-22-h140930-4.pdf

延岡健太郎 (2002)『製品開発の知識』日本経済新聞社.

Norman, D. A. (2013). *The Design of Everyday Things.* New York: Basic Books.〔岡本明・安村通晃・伊賀聡一郎・野島久雄（訳）(2015)『誰のためのデザイン？：認知科学者のデザイン原論 増補・改訂版』新曜社.〕

下條信輔 (2019)『潜在認知の次元：しなやかで頑健な社会をめざして』有斐閣.

Sunstein, C. R. (2021) *Sludge: What stops us from getting things done and what to do about it.* The

MIT Press.

武山政直 (2017)『サービスデザインの教科書:共創するビジネスのつくりかた』NTT
出版.

Thaler, R. H., & Sunstein, C. R. (2008) *Nudge: Improving decisions about health, wealth, and happiness.* Yale University Press.〔遠藤真美(訳)(2009)『実践行動経済学:健康、富、幸福への聡明な選択』日経 BP 社.〕

鷲田清一 (2015)『しんがりの思想:反リーダーシップ論』角川新書.

おわりに

小俣 貴宣（ソニーグループ株式会社）

　筆者が大学に入学した頃からでしょうか。「大学で心理学を学んでも社会に出たら役に立たない」という声をしばしば耳にするようになりました。多くの場合、この意見には「だから心理学を勉強しても企業への就職やキャリア形成において意味がない」というニュアンスが含まれていたと思います。実際、筆者は大学で心理学を学んだ人材が企業で活躍しているなどという話は聞いたことがなく、正直なところ、心理学の専門性が直接活かせる仕事は、カウンセラーか人事部門以外にないと、その当時は思っていました。

　その後、筆者は大学院において（心理学と深い関連のある研究領域である）認知科学や行動科学を学ぶ過程で、企業において（やはり心理学と深い関連のある研究領域である）認知心理学や人間工学が製品開発の実践に活用されていることを知る機会に恵まれました。ちょうど、人間中心設計に関する国際規格であるISO13407が制定された頃です。これまで学んだ知識を実世界の問題解決に活かしたいと考えていた著者は、自身の専門知識の実践的な応用を志し、メーカーに入社することを決意しました。

　それから20年ほど経過した今、「大学で心理学を学んでも社会に出たら役に立たない」という意見に対する筆者の見解は、役に立たないのではなく「役に立てられていない」と捉えており、その方が産業・社会における心理学の現状をよく言い表しているように感じます。心理学人材がその専門性を十分に活かしきれていない、また心理学人材

を取り囲むマネジメントや同僚たち、そして組織の仕組みが心理学人材を活かしきれていない、その結果、心理学には産業や社会の問題解決に大きく貢献できるポテンシャルがあるにもかかわらず、十分に役立てられていないということが随所で起こっているように感じられてなりません。

　このような見解に至った根拠になっているのは、やはり筆者の企業における実務経験です。筆者には先人が積み重ねてきた膨大な知識の上に成り立っている学術的な専門知識は、企業の問題解決にも何かしらの形で活かせるはずだという信念がありました。幸いこうした考えに賛同し、応援してくれる上司や先輩、同僚たちに恵まれ、一定の成果を挙げることができたと思います。しかし筆者にとってそれ以上に財産となっているのは、インハウスのリサーチャー、そしてコンサルタントとして携わった多種多様な実務におけるさまざまな試行錯誤を通じて獲得した実践的な知識や教訓です。その例として、教科書などで学んだ知識を実務上の問題解決にそのままの形で適用することが難しいことや、心理学の専門性を高めることは重要であるものの、その枠にとどまっていては、企業のような組織において十分にパフォーマンスを発揮できないことなどが挙げられます。本書第2章で論じた人間中心設計における要求事項の二重性の観点のように、実務経験を積んできたからこそ、その重要性や難しさが実感できることが多々あると思います。

　筆者自身、製品開発の実践をはじめとする企業の複雑な問題解決に向けて、心理学に関する専門知識を活用することにとても苦労してきました。こうした困難と対峙する中、筆者を勇気づけたのは、同様な問題意識を持った社外の研究者や実務家たちの精力的な取り組みでした。幸い筆者はこのような方々の対外的な発表や論考に触れるだけではなく、時に直接意見交換をさせていただく機会にも恵まれ、その問題意識や行動力、優れた洞察力に感銘を受け、同時に多くの実践的な

知識を学ばせていただきました[1]。一般にはあまり知られていないものの、実務上の問題解決に向けて心理学を効果的に活用した事例やアプローチなど、何かしら人が関与する実務に携わっている人たちにとって有益な情報はたくさんあります。

　また心理学の博士号を持ち、さまざまなビジネスのフィールドで活躍する海外の実務家たちの実践に触れたことも、大変刺激になりました。特に感銘を受けたのは、心理学研究において優れた研究成果を挙げている研究者が、ビジネスという異なるフィールドに越境し、アカデミアとはまた異なる厳しい環境において自身の成果や価値を周囲に認めさせるために、自らの専門性を駆使しながら、必死に、そしてきわめて戦略的に取り組んでいる姿でした。

　自身の実務経験、そして以上のような、高い問題意識を持った実務家たちの真剣な取り組みや考え方に触れることを通じて、心理学は役に立たないのではなく、役に立てられていないのだという確信を持ったわけです。

　本書の企画が立ち上がったのは2014年の春にさかのぼります。当時、筆者は心理学には産業の問題解決において大きく貢献できるポテンシャルがあるにもかかわらず十分に活用されていないもどかしさを感じていました。特に自身が実際に携わっていたフィールドである製品の創出に向けたさまざまな実践において、心理学の専門知識や方法論がより活用されるべきであり、そうした専門性を有する人材が活躍できる機会や環境がもっと増えるべきだという問題意識を抱いていました。

　このように考える中、企業における実務経験とアカデミアでの経験がある筆者だからこそ、産業で活用できる（あるいはできない）等身大の心理学の姿、また、製品の創出に向けた実践で効果的に活用していくために必要なことを伝えられるのではないか、そして現代のよう

な状況だからこそ、産業の問題解決に向け心理学を活用していくことの意義や課題について改めて議論すべきではないかという問題提起を、日本学術会議心理学・教育学委員会心理学分野の参照基準検討分科会において、心理学の社会連携について精力的に活動されていた原田悦子先生にお話しさせていただいたところ、本にまとめましょうというこの上なくありがたいご提案をいただいたのが本書のきっかけでした。原田先生には本書の導入を執筆していただいています。

　第1章、第4章は、第一線でご活躍されている専門家の皆さまにご協力をいただき、心理学とはどのような学問か、そして心理学が活用できる領域の幅広さを知っていただける内容になっています。筆者が執筆した第2章、第3章、終章は、実務において心理学を活用してきた経験とアカデミアにおいて心理学研究に従事してきた経験、そして産業・社会の問題解決に心理学を活用している国内外の研究者や実務家たちとの対話が礎になっています。

　本書は、心理学という学問の概要と特徴、そして産業や社会の問題解決における心理学の有用性を多くの方々に知っていただくことで、心理学への関心が高まること、心理学という学問への理解が深まること、産業・社会のさまざまな分野において心理学が適切に、そして継続的に活用されていくための基盤が構築されること、そして心理学人材の活躍機会のさらなる拡大につながることを目指すものです。ここで改めて本書の構成について簡単に振り返ってみたいと思います。

　第1章では、日本学術会議の「大学教育の分野別質保証のための教育課程編成上の参照基準：心理学分野」に基づき、日本学術会議心理学・教育学委員会心理学分野の参照基準検討分科会（当時）の長谷川寿一先生（東京大学名誉教授）に「心理学とはどのような学問か」という題目でご執筆いただきました。文字どおり心理学がどのような学問かを知っていただくのと同時に、本書の良き導入となっています。

第2章では、顧客やユーザの主観的な経験が重視されている点や、その質を向上させるアプローチの一つである人間中心設計について解説した後、人間中心設計がこの主観的な経験の質を高めるために、製品・サービスの創出に向けた実践においてどのように関与するか論じています。一般に、人間中心設計は製品やサービスの使いやすさを向上させるための有効なアプローチとして知られていると思いますが、本書では人間中心設計の概念をより幅広く捉え、多様な製品やサービス、そしてそれに関連する情報を通じ、顧客やユーザにより質の高い経験をもたらすためのアプローチとして解説しています。またこの章では特に、製品やサービスの創出に関する実務やマネジメントに従事されている読者の方々を意識し、いわゆる UX（User eXperience）や CX（Customer eXperience）が重視されている背景や、それらと収益との結びつきなどについても言及しています。こちらは筆者の専門外である経営学やマーケティングといった領域に踏みこんだ内容になっていますが、筆者の不勉強のために、原著論文の読み間違いや誤解、不適切なまとめ方をしているかもしれません。読者の皆さまからの御教示、御叱正を素直に仰ぎたいと思います。

　さて先に論じた、筆者の「役に立てられていない」という見解には、「本来は役に立つ」という意味と、「そうしたポテンシャルがあるにもかかわらず、何かしらの原因により十分に役に立てられていない」という意味が込められています。第3章と第4章では心理学が実際にどう役に立つのかについて論じており、終章では十分に役に立てられていないと思われる原因を踏まえ、そのポテンシャルを発揮させていくための留意点について論じています。

　第3章では、第2章の内容を踏まえつつ、心理学が人間中心設計を介して製品・サービスの創出に向けた実践にどのようにかかわるかを解説しています。後半では特に心理学の専門性に焦点を当て、それが人間中心設計における実践においていかに発揮されるのかについて論

じ、結びとして製品やサービスの創出に向けた実践において、心理学を活用していく際の課題について触れています。

　続く第4章では、産業における実際の問題解決に向けて心理学を活用されている専門家の皆様から、それぞれのフィールドにおける心理学の活用事例を紹介していただいています。実際の問題解決場面において心理学がどのように活用されているか、活用する上でどのように考えたか、活用したことの効果、そしてその醍醐味や難しさ、さらには心理学が活用可能な範囲の広さなど、事例を読み進めていく過程で知っていただければ幸いです。

　終章では、製品やサービスの創出に向けた実践において心理学を効果的に活用するためには、両者を有機的に結び付けることのできる人材の存在や仕組みが不可欠であるという考えに基づき、そのような場面において、心理学、ならびに心理学人材のパフォーマンスを効果的に発揮させていくための留意点について、組織、心理学人材、教育機関、それぞれの観点から筆者なりの考えについて論じています。

　筆者は今後、「企業の中の心理学」がより重要視されるのではと考えています。情報技術の進展に伴い、人々の生活や社会は目まぐるしく変化しています。たとえばコミュニケーション機器の概念は30年前と現在とで大きく異なると思います。今後も技術の革新や社会の変化は続き、私たちはその光明面だけでなく負の側面と共に生きていくはずです。一方、新たな概念や技術を世の中に提案する側の人たちには、顧客やユーザに受け入れてもらえるような提案をすることが求められます。その際、心理学研究において長年にわたり培われた専門知識や方法論、アプローチは、この困難な課題に対して大いに役立つはずです。心理学を効果的に活用することで、想定している顧客やユーザについて、より良く、そしてより深く理解することができます。そうした理解は、想定する顧客やユーザの特性やニーズに沿った施策を

創出するための有効な手がかりになるはずです。そして創出した施策が適切に機能するかどうかを評価し、仮に問題があれば改善に向けた指針を提案することが期待できます。こうした営みは実務的な観点にとどまらず、マネジメントの観点においても効用をもたらし、新たな概念を世の中に提案する際に伴う不確実性やリスクを低減し、数々の意思決定を助けるはずです。

　その反面、心理学研究と実務との間に大きな隔たりがあることは、本書でも紹介させていただいたとおりです。筆者は、この隔たりを乗り越えるための知識体系の構築や人材の育成、産学の間を横断する実践的な枠組みが必要だと考えており、その実現に向けた取り組みの一つとして、製品・サービスを通じ顧客やユーザの主観的な経験の質の向上に貢献する UX-Psychology（あるいは CX-Psychology）という研究領域の確立が必要なのではと考えています。この領域は十分に体系化されておらず発展途上です。本書で筆者が論じた内容も、筆者自身のこれまでの実務経験や、産学で活躍されている専門家の方々との対話に基づき構成された一つの見方にすぎませんが、本書にはその体系化に資する情報が数多く含まれていると思います。筆者は現在、企業の中のフィールドにおいて、この新たな研究領域の確立を目指し、まさにそのための探究や関連する知識体系の構築に日々挑戦しています。

　本書は、企業におけるさまざまな問題解決に向けて、心理学を活用することに取り組んできた筆者にとって大変思い出深いものになりました。使命感に駆られ本書の執筆に着手したわけですが、その先に待っていたのは本書に対する期待や本書の社会的な意義に対する重圧、そして本書を執筆する責任の重大さを背負う日々でした。執筆の過程、苦悩する筆者に対して、心理学研究に取り組んでおられる多くの先生方、そして筆者と同じように企業において心理学の実践的な活用に取り組んでいる皆さまから、激励のお言葉や多くの助言を頂戴しました。

また、筆者の挑戦を応援してくださった職場の先輩方や同僚、家族や友人たちには本当に頭が下がるばかりです。何とか出版にたどり着くことができたのは、数え切れない多くの皆さまの励ましに支えられたお陰です。ここに深くお礼を申し上げます。

またこの機会をお借りして、故・徃住彰文東京工業大学教授に感謝の意を申し上げます。徃住先生は筆者が大学院生だった頃、心理学研究の楽しさと難しさ、そして徃住先生独自の視点から心理学の未来の姿を教えていただきました。当時学ばせていただいた経験は、筆者のその後の人生に大きな影響を与えており、当然のことながら本書の内容の至る所にも結びついています。本書の内容を徃住先生に直接お伝えできないのは大変無念ですが、もし徃住先生がご存命であれば、きっとさらなる高みを目指すよう激励のお言葉をかけてくださったに違いありません。

最後に新曜社の塩浦暲さんに感謝を申し上げます。本書の企画・編集にあたり、塩浦さんにはその慧眼によって建設的なご意見を多数頂戴しました。また今回執筆していただいた皆さまの原稿の取りまとめや、執筆に苦しむ筆者に辛抱強くお付き合いいただき、そして何度も励ましていただきました。改めてここに心から感謝の意を表したいと思います。

本書のタイトルである「価値を生む心理学」には、人と製品・サービスを結ぶ科学である心理学が、顧客やユーザの経験価値、そして企業のビジネスにおける価値を生むことへの貢献にとどまらず、広く人の視点から、産業や社会に豊かな価値をもたらしうることを多くの人たちに知ってもらいたい、さらには産業や社会における心理学人材の価値が今以上に認められるようになってほしいという期待と願いが込められています。本書が、心理学に興味を持っていただけるきっかけになれば、心理学が社会や産業の問題解決に向けてどのように役立つ

のか考えるきっかけになれば、そして心理学研究の発展や心理学人材の活躍機会の拡大につながったとしたら、筆者にとってこれほど嬉しいことはありません。また筆者と同じような問題意識を持ちながら、企業のような組織においてそのパフォーマンスを十分に発揮できず苦しんでいる人たちの助けになれば幸いです。

できるだけ幅広い層の方々に役立つ情報が提供できるよう意識して執筆したつもりですが、筆者が長らくメーカーのリサーチャーとして情報機器の製品開発業務に従事してきたことや筆者の力不足もあり、多少内容に偏りがあるかと思います。この点につきましてはどうかご容赦願えればと思います。

それでは、産学における心理学のさらなる発展、そして心理学人材の活躍機会の拡大を願いつつ。

2022 年 3 月

小俣 貴宣

【注】

[1] 本書第4章に所収している鹿志村香さんとの対談は、筆者にとって大変思い出深い経験であり、筆者自身のキャリアを深く見直す貴重な機会となりました。インタビューの中でご紹介いただいた鹿志村さんの問題意識や実践は、今日、企業のような組織における専門家の存在意義やその活躍機会を考えるヒントを数多く含んでいると思います。

執筆者紹介

小俣 貴宣（おまた　たかのぶ）【編集，第2〜3章，第4章導入，終章，おわりに】
東京大学大学院工学系研究科博士課程修了。博士（工学）。
現在，ソニーグループ株式会社 R&D センター 先端研究部シニアコグニティブサイエンティスト，慶応義塾大学 環境情報学部 非常勤講師，大阪大学大学院人間科学研究科附属未来共創センター 心理・行動フォーサイトラボ メンバー。
e-mail: Takanobu.Omata@sony.com

原田 悦子（はらだ　えつこ）【編集協力，序章，第4章「インタビュー」「つくば型リビング・ラボの実践」】
筑波大学大学院心理学研究科博士課程修了。教育学博士。
現在，筑波大学人間系教授。
主要著書：『医療の質・安全を支える心理学』（編著，誠信書房），『認知心理学（シリーズ心理学と仕事3）』（共編著，北大路書房），他。
みんラボ（みんなの使いやすさラボ）については，下記をご参照ください。
https://tsukaiyasusa.jp/

長谷川 寿一（はせがわ　としかず）【第1章】
東京大学大学院人文社会科学研究科博士課程修了。東京大学名誉教授。

鹿志村 香（かしむら　かおり）【第4章「インタビュー」】
筑波大学大学院心理学研究科博士課程修了。教育学修士。
現在，株式会社日立製作所専門理事，研究開発グループ技師長。

新井田 統（にいだ　すまる）【第4章「通信システムの設計における活用事例」】
筑波大学大学院人間総合科学研究科心理学専攻博士課程修了。博士（心理学）。
現在，株式会社 KDDI 総合研究所 渉外・デザインリサーチグループグループリーダー。
主要著書：『認知心理学（シリーズ心理学と仕事3）』（共著，北大路書房），『情報ネットワーク科学入門』（共著，コロナ社）

三枝 千尋（さえぐさ　ちひろ）【第4章「創造する心理学」】
東京大学大学院工学系研究科博士課程修了。博士（学術）。
現在,花王株式会社 感覚科学研究所。

平尾 直靖（ひらお　なおやす）【第4章「化粧品カウンセリングにおける接客教育…」】
関西学院大学文学研究科（心理学専攻）博士課程前期修了。
現在,株式会社資生堂みらい開発研究所研究開発統括部マネージャー。

松嵜 直幸（まつざき　なおゆき）【第4章「食品開発への心理学の活用」】
東京大学大学院人文社会系研究科博士課程修了。博士（心理学）。
現在,サントリーグローバルイノベーションセンター株式会社研究推進部主任研究員。
e-mail: Naoyuki_Matsuzaki@suntory.co.jp

西崎 友規子（にしざき　ゆきこ）【第4章「心理学者とエンジニアの歩み寄り…」】
大阪外国語大学（現大阪大学）大学院博士後期課程修了。博士（学術）。
日産自動車株式会社総合研究所勤務を経て,現在,京都工芸繊維大学情報工学・人間科学系准教授。

須藤 智（すとう　さとる）【第4章「つくば型リビング・ラボ」の実践】
中央大学大学院文学研究科修了。博士（心理学）。
現在,静岡大学融合・グローバル領域准教授。
主要著書:『認知心理学（シリーズ心理学と仕事3）』（共著,北大路書房）,『医療の質・安全を支える心理学』（共著,誠信書房）

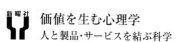

新曜社

価値を生む心理学
人と製品・サービスを結ぶ科学

初版第1刷発行　2022年5月18日

編　　著　小俣貴宣

編集協力　原田悦子

発 行 者　塩浦　暲

発 行 所　株式会社　新曜社
　　　　　101-0051　東京都千代田区神田神保町3-9
　　　　　電話 (03)3264-4973 (代)・FAX (03)3239-2958
　　　　　e-mail : info@shin-yo-sha.co.jp
　　　　　URL : https://www.shin-yo-sha.co.jp

組　　版　Katzen House

印　　刷　新日本印刷

製　　本　積信堂

———— 新曜社の本 ————

＊表示価格は消費税を含みません。